W.M.R. van Helbing schreibt Geschichten, die das Leben in all seinen Widersprüchen und Komplexitäten widerspiegeln – mal humorvoll, mal brutal ehrlich, aber immer mit einer Prise Philosophie. Seine Kurzgeschichten sind eine Mischung aus sarkastischen Wahrheiten und tiefgründigen Einsichten, die den Leser herausfordern und zum Nachdenken anregen.

In seinem neuesten Werk Der unendliche (Un)Sinn – 222 Widersprüche des Lebens geht es um die großen Fragen des Lebens, verpackt in 222 Geschichten, die sich mit absurden Alltagsweisheiten, schmerzhaft ehrlichen Wahrheiten und der Komik des Daseins auseinandersetzen. Es ist eine Sammlung von Momenten und Gedanken, die die Schatten und Lichter des Lebens in all ihrer Widersprüchlichkeit aufzeigen – immer schonungslos, oft humorvoll, und stets mit einer Portion Selbstironie.

(Bild) Lesezeichen 51x148 mm zu beziehen unter Info.wolfthore@gmail.com

Bibliografische Information der Deutschen Nationalbibliothek: Die Deutsche Nationalbibliothek verzeichnet diese Publikation in der Deutschen Nationalbibliografie; detaillierte bibliografische Daten sind im Internet über dnb.dnb.de abrufbar.

Kontaktadresse nach EU-Produktsicherheitsverordnung: info.wolfthore@gmail.com

Verlag: BoD · Books on Demand GmbH, Überseering 33, 22297 Hamburg, bod@bod.de

Druck: Libri Plureos GmbH, Friedensallee 273, 22763 Hamburg

ISBN: **978-3-8192-4623-4**

Der unendliche (Un)Sinn –
222 Widersprüche des Lebens

DeR AnDeRe RaTGeBeR

von

Wolfthore M.R. van Helbing

„Die Wahrheit ist selten so schön, wie wir sie uns wünschen. Aber sie ist immer
ehrlich – auch wenn sie uns die Illusion raubt, dass wir Kontrolle haben."
W.M.R. van Helbing

Ein Buch ohne Seitenzahl

HORSTwärTS

Vorwort

Willkommen in der Welt von „ Der unendliche (Un)Sinn" einem Ort, an dem nichts perfekt ist, aber alles real. Wenn du hier nach einfachen Antworten oder der versprochenen Harmonie suchst, wirst du enttäuscht werden. Aber wenn du dich der Wahrheit stellen willst – der knallharten, ungeschönten Wahrheit – dann bist du hier richtig.

In einer Welt, die uns ständig erzählt, dass alles in irgendeiner Weise zum Guten führen wird, dass Vertrauen der Schlüssel zum Glück ist und Chaos nur eine Phase, die man überstehen muss, sind wir hier, um dir etwas anderes zu zeigen. In den 222 Kurzgeschichten dieses Buches wirst du keine Botschaften finden, die dich beruhigen oder dir ein heiles Bild von der Zukunft verkaufen. Was du findest, ist die rohe, ungeschminkte Realität, die dir immer wieder ins Gesicht schlägt: Das Leben ist chaotisch, voller Missverständnisse und oft weit entfernt von dem, was du dir vorgestellt hast. Aber vielleicht ist das der Punkt.

Die Zahl 222 ist kein Zeichen für Erfüllung, sondern für die Konfrontation mit der Wahrheit, dass das Leben nicht in Harmonie endet – und das ist okay. Wir wollen nicht, dass du dich nach einem perfekten Leben sehnst. Wir wollen, dass du akzeptierst, dass das Leben oft ein einziges Chaos ist – und das ist der wahre Kern dessen, was es bedeutet, zu leben. Es gibt keine endgültigen Antworten, keine heiligen Wahrheiten, keine universellen Lösungen. Was du tun kannst, ist, dich der Unordnung zu stellen und zu lernen, wie du trotzdem deinen Weg gehst. Du musst nicht alles kontrollieren, du musst nicht immer wissen, was als Nächstes kommt. Du musst nur eines wissen: Du bist derjenige, der die Richtung bestimmt – auch wenn das Chaos um dich herum tobt.

Aber bevor du nun denkst, dass es in diesem Buch nur um Frust und Misstrauen geht, möchte ich dir noch etwas mit auf den Weg geben: Es gibt einen Punkt, an dem du, wenn du lange genug durch das Chaos marschierst, beginnst, dir selbst zu vertrauen. Nicht dem System, nicht den Versprechungen der Welt, sondern dir selbst. Und das ist der Moment, in dem du beginnst, zu verstehen, dass du vielleicht nie die Kontrolle über alles haben wirst, aber du kannst trotzdem deine eigene Wahrheit finden. Du kannst entscheiden, was du mit dem Chaos machst, wie du es handhabst, und wie du es zu deinem Vorteil nutzen kannst.

Am Ende dieses Buches wirst du vielleicht immer noch mit der Frage kämpfen, ob das Leben wirklich einen Sinn hat. Aber vielleicht wirst du auch erkennen, dass der wahre Sinn nicht in den perfekten Antworten liegt, sondern im Mut, mit den unvollständigen und unklaren Antworten zu leben. Wenn du dich dem Chaos stellst und bereit bist, dich selbst zu hinterfragen, wirst du feststellen, dass du nicht nur stärker geworden bist – du wirst freier.

Also, ja, die Wahrheit tut weh. Und ja, der Weg ist alles andere als einfach. Aber wenn du in der Lage bist, das Chaos zu akzeptieren und daraus etwas für dich zu lernen, wirst du erkennen, dass du nicht nur durch das Leben gehst – du beherrschst es.

Mut zur Wahrheit, Mut zum Chaos – und Mut zur Freiheit.

Wolfthore M.R. Helbing

Kurzgeschichte 1: „Der perfekte Moment"

Warum niemand je mit dem zufrieden ist, was er hat.

Es gibt Menschen, die immer auf den perfekten Moment warten: Der richtige Zeitpunkt für eine Veränderung, der ideale Moment, um die Welt zu erobern, oder einfach der Moment, in dem alles zusammenkommt. Sie träumen von diesem einen Augenblick, in dem alles in Ordnung ist, der perfekte Zeitpunkt, an dem sich alles fügt. Doch je mehr sie darauf warten, desto mehr merken sie, dass dieser Moment nie kommt.

Der „perfekte Moment" ist immer ein Stück weit entfernt, wie ein flimmerndes Bild am Horizont, das beim Näherkommen immer weiter weicht. Sie warten auf den Moment, in dem sie den perfekten Job haben, die richtige Beziehung führen oder endlich etwas für sich selbst tun können. Doch der Job ist nicht perfekt, die Beziehung nicht ideal, und das Leben? Nun ja, das Leben läuft eben nicht nach Plan.

Es gibt immer etwas, das fehlt. Immer ein Detail, das nicht stimmt. Ein bisschen mehr Geld hier, ein bisschen weniger Stress dort. Doch irgendwann, nach Jahren des Wartens, merken die meisten: Der perfekte Moment existiert nicht. Der Moment, der alles verändern würde, ist schon längst vorbei, und sie haben ihn nicht erkannt.

Der Moment, den sie suchten, war niemals der richtige Moment. Er war immer der jetzige Moment, aber sie haben ihn nicht genutzt, weil sie sich in ihren Illusionen verloren haben.

Vielleicht war das Leben nie auf diesen perfekten Moment ausgelegt. Vielleicht war es einfach nur ein fortlaufender Fluss von Veränderungen und Entscheidungen, und der perfekte Moment kam dann, wenn man endlich aufhörte zu warten und einfach handelte.

Wahrheit: „Du hast dein ganzes Leben auf den perfekten Moment gewartet, aber der Moment, in dem du endlich gehandelt hast, war der, indem du verstanden hast, dass es nie den perfekten Zeitpunkt geben wird."

Kurzgeschichte 2: „Der Zen-Workshop und der Kaffee, der alles veränderte"
Warum du dich nicht immer auf den „perfekten Moment" verlassen solltest.

Ein Mann besuchte einen Zen-Workshop, weil er dachte, das würde ihm helfen, „besser durch das Leben zu kommen". Die erste Sitzung begann mit einem warmen, beruhigenden Kaffee. „Trinkt langsam, fühlt den Moment", sagte der Zen-Meister. Der Mann trank einen Schluck und zog das Gesicht. „Dieser Kaffee schmeckt wie abgestandenes Wasser, das jemand mit dem Staubsauger aufgesogen hat", dachte er, aber er versuchte, sich zu beruhigen und zu lächeln.

Der Meister sprach über „die Stille in uns" und „die Bedeutung des Innehaltens". Der Mann nickte geduldig, während er sich fragte, ob er sich nicht besser in einem Café für ein vernünftiges Frühstück hätte aufhalten sollen.

Der Workshop zog sich dahin, und der Kaffee wurde immer schlechter. Schließlich war der Mann kurz davor, einfach aufzustehen und zu gehen.

„Wie kann man sich hier wirklich auf sich selbst konzentrieren, wenn der Kaffee so beschissen schmeckt?" dachte er.

Am Ende des Workshops kam der Meister auf ihn zu, klopfte ihm auf die Schulter und sagte: „Du hast es geschafft. Du hast den schlechten Kaffee überlebt und nicht aufgeben."

Der Mann grinste schief: „Wenn ich den schlechten Kaffee überleben kann, kann ich wirklich alles überleben. Aber ehrlich gesagt, hätte ich lieber einfach den Kaffee gewechselt."

Wahrheit: „Oh wow, du hast den beschissenen Kaffee überlebt? Hier, nimm dir einen Orden. Wahrscheinlich hast du in deinem ganzen Leben nicht viel anderes durchgehalten."

Kurzgeschichte 3: „Der Boss und das geheime Meeting"

Warum du nie weißt, was hinter verschlossenen Türen wirklich passiert.

Ein Mann in einem Bürojob hörte von einem geheimen Meeting des Chefs. „Das könnte meine Chance auf eine Beförderung sein", dachte er und zog sich extra schick an.

Im Meeting angekommen, nahm der Chef wortlos Platz und fing an, von „Visionen" und „Zukunft" zu reden. Der Mann dachte sich, dass er etwas Großes erwarten sollte.

„Wir müssen uns alle selbst übertreffen", sagte der Chef.

„Darum werden wir heute eine besondere Übung machen. Wir müssen uns gegenseitig bewerten!"

Der Mann starrte ihn an, als der Chef ein Bewertungsformular überreichte. Es ging darum, wie gut man „in das Team passt".

„Würdest du dich selbst als kreativen Querdenker bezeichnen?" fragte der Chef.

„Ähm... ja", murmelte der Mann und fragte sich, was das Ganze sollte.

Plötzlich zog der Chef eine Pappfigur aus dem Schrank und setzte sie auf den Tisch. „Das hier ist unser neuer 'Innovationsguru'. Wir haben beschlossen, dass der bis zum nächsten Quartal den besten Umsatz macht. Ihr seid jetzt alle auf der gleichen Ebene wie diese Figur."

Der Mann starrte die Pappfigur an, überlegte kurz und begann dann zu lachen.

Wahrheit: „Oh, du bist also jetzt auch eine Pappfigur? Da hast du ja wirklich den Gipfel der Karriereleiter erklommen. Ein neuer Meilenstein in deiner beruflichen Entwicklung: Der Pappmensch."

Kurzgeschichte 4: „Die Selbsthilfe-Buch-Aktion"

Warum du nicht jedem Buch vertrauen solltest, das dir verspricht, dein Leben zu retten.

Ein Mann kaufte ein Selbsthilfebuch, das ihm versicherte, es werde sein Leben innerhalb von 30 Tagen verändern. Er blätterte die erste Seite um: „Werde der beste Mensch, der du sein kannst."

„Klar", dachte er und trank seinen Morgenkaffee, „ich werde der beste Mensch überhaupt. Nur dass ich heute keine Lust habe, die Wäsche zu machen."

Kapitel 2: „Denke positiv und ziehe das Beste aus allem."

„Okay, aber nicht heute", dachte der Mann und schmiss das Buch auf den Tisch.

Er versuchte es weiter, aber der Inhalt des Buches machte ihn zunehmend wütend. Kapitel 5: „Stell dir vor, du bist ein Magnet für positive Energie!"

„Wäre nett, wenn ich auch mal positiv daran denken könnte, dass der Kühlschrank leer ist", murmelte er.

Am Ende der Woche hatte er das Buch fast in die Ecke

geworfen. Doch er überlegte kurz, ob er es einfach jemandem geben sollte, der noch dümmer war als er.

Wahrheit: „Wow, 30 Tage Selbsthilfe und du bist immer noch genauso ratlos wie vorher. Das einzige, was sich geändert hat, ist, dass du jetzt weißt, wie man ein Buch an jemanden weitergibt, der wirklich Hilfe braucht."

Kurzgeschichte 5: „Der Pessimist und der Rosenstrauch"

Warum der Optimismus nie die Antwort ist, wenn du einfach keine Lust hast, den Garten zu pflegen.

Ein Pessimist hatte einen Garten, in dem ein Rosenstrauch vor sich hinwelkte. Er sah den Strauch an und sagte: „Der ist tot, das war's."

Ein Optimist, der an ihm vorbeiging, hielt an und sagte: „Du musst ihn nur richtig pflegen, er wird wieder blühen!"

„Hör auf, mir so einen Quatsch zu erzählen", brummte der Pessimist. „Ich bin mir sicher, er ist einfach zu faul, um zu blühen."

Der Optimist bot an, ihm zu helfen, aber der Pessimist wollte nicht. Der Strauch war schließlich „zu tot" dafür, dass er sich noch damit abmühte.

Ein paar Wochen später kam der Optimist wieder vorbei und sah, dass der Strauch tatsächlich wieder grüner war.

„Was hast du jetzt gemacht?" fragte er.

„Ich hab einfach die Scheißrose in Ruhe gelassen", sagte der Pessimist und setzte sich auf seine Bank.

Wahrheit: **„Das Einzige, was du aus deinem Garten lernst, ist, dass Pflanzen genauso wenig Lust haben zu leben wie du. Besser, du lässt sie einfach in Ruhe, bevor du noch mehr enttäuscht wirst."**

Kurzgeschichte 6: „Die Supermarkt-Woche der Wahrheit"

Warum du nie so viel Kram kaufen solltest, nur weil er im Angebot ist.

Ein Mann ging in den Supermarkt und sah ein riesiges Angebot: „5 für den Preis von 1! Tomaten, frisch und lecker!"

„Warum nicht", dachte er. „Ich brauche zwar keine 5 Packungen Tomaten, aber hey, wer kann so ein Angebot schon ablehnen?"

Zuhause stapelte er die Tomaten in der Küche und dachte: „Ich werde bald meine eigene Tomatensauce machen. Wahrscheinlich nächste Woche, aber vielleicht auch nie."

Eine Woche später waren die Tomaten faul und brauchten dringend einen Abnehmer. Der Mann überlegte, ob er sie einfach an den Nachbarn verschenken sollte, aber dann dachte er: „Wieso sollte ich? Ich habe genug Zeug, das ich nicht will."

Schließlich packte er die Tomaten in die Tonne und dachte: „Das war wirklich eine clevere Entscheidung, sich so viel Kram zu holen."

Wahrheit: „Toll, jetzt hast du also 5 Packungen Tomaten, die du nicht brauchte, und dir eine Tonne schlechten Gewissens aufgeladen. Vielleicht hättest du lieber einfach die Sonderangebote ignorieren sollen."

„Das Yoga-Seminar und die wahre Herausforderung"
Warum das Streben nach innerer Ruhe wirklich der größte Witz ist.

Ein Mann, der genug von seinem stressigen Leben hatte, entschloss sich, an einem Yoga-Seminar teilzunehmen. „Das wird mein Leben verändern", dachte er sich, als er in seine bequemen Hosen schlüpfte und die Matte ausrollte.
Der Seminarleiter war eine sehr entspannte Frau, die die Gruppe in die mystische Welt der „inneren Ruhe" führen wollte. Sie erklärte, dass es nicht nur um die Haltung ging, sondern um das „Loslassen der inneren Blockaden".
Der Mann versuchte, sich zu konzentrieren. Doch während alle „die perfekte Pose" einnahmen, rutschte er immer wieder ab und kam sich eher wie ein unbeholfener Teddybär vor, der auf einem Strick brechen würde.
„Warum lässt sich mein Körper nicht einfach entspannen?", dachte er verzweifelt. „Ich will nicht mehr entspannen. Ich will einfach in Ruhe gelassen werden!"
Am Ende des Seminars stand er auf, atmete tief ein und

dachte: „Ich hätte einfach zu Hause auf dem Sofa bleiben und ein Bier trinken können."

Wahrheit: „Herzlichen Glückwunsch, du hast deine Blockaden durchbrochen. Deine größte Blockade war es, den Raum zu betreten. Und was hast du erreicht? Ein paar verrenkte Gelenke und das Bedürfnis, dir einen Pizzaständer zu kaufen."

Kurzgeschichte 8: „Die Diät und der Kampf gegen den inneren Schweinehund"

Warum du beim Diäten trotzdem lieber den Burger isst.

Ein Mann beschloss, endlich seine Ernährung zu ändern. „Ich werde jetzt durchstarten", sagte er sich, als er ein Diät Buch mit dem Titel „Die 30-Tage-Ernährungsrevolution" aufschlug.
Er schickte sich an, all die verbotenen Lebensmittel zu eliminieren. Keine Chips mehr, keine Cola, kein Junkfood.
Am ersten Tag ertrug er den Salat, der wie Algen im Ozean schmeckte, und trank das Wasser, das ihm mehr wie H2O aus einer Pfütze vorkam. Doch dann... kam der Burger.
„Nur ein kleiner Bissen", dachte er. Und dann noch einer. Und noch einer. Und plötzlich war der ganze Burger weg.
„Ich habe versagt", dachte er, als er sich selbst im Spiegel betrachtete und seinen Fettbauch ansah.
Am nächsten Tag zog er wieder das Diät Buch hervor und las:

„Glaub an dich und sei diszipliniert."

Er schloss das Buch und bestellte einen großen Pommes.

Wahrheit: **„Wow, du bist wirklich ein Durchhaltevermögen-Wunder. Vielleicht solltest du dir einen Orden holen – aber nur, wenn er aus Pizza besteht."**

Kurzgeschichte 9: „Der Abenteuerurlaub, der keiner war"

Warum du beim Wandern auch einfach das Zuhause bevorzugen kannst.

Ein Mann beschloss, sich ein Abenteuer zu gönnen und meldete sich für einen Wanderurlaub in den Bergen an. „Ein bisschen frische Luft, ein paar Gipfel, das wird mir gut tun", dachte er.

Der erste Tag begann mit einer Kaffeepause am Wanderbeginn. „Diese Wanderung wird episch", sagte er sich, als er die Karte auspackte.

Doch dann kamen die ersten Steigungen. Und die ersten Blasen. Und die ersten überhöhten Erwartungen, dass der Berg wirklich bald kommen würde.

Am Abend, völlig erschöpft, setzte er sich ins Zelt und fragte sich, warum er sich das antat. „Ich hätte auch einfach ein Buch lesen und dabei bequem auf dem Sofa sitzen können. Das war kein Abenteuer, das war Selbstquälerei."

Wahrheit: **„Super, du hast den Berg bezwungen. Jetzt**

kannst du in einer komfortablen Couch zurücklehnen und dich fragen, warum du nicht einfach zu Hause geblieben bist, wo es keine Blasen gibt."

Kurzgeschichte 10: „Der falsche Zeitpunkt"

Warum du nie den richtigen Moment findest – und das ist auch gut so.

Ein Mann entschloss sich, endlich die perfekte Rede für eine Hochzeit zu halten. „Ich werde das beste Hochzeitsgeschenk aller Zeiten machen", dachte er und begann, an seinen Notizen zu arbeiten.

Er übte und übte, bis die Worte perfekt saßen. Doch als der Moment kam, als er vor der versammelten Familie stand, passierte etwas Schreckliches: Er vergaß alles.

Er starrte die Gäste an und murmelte: „Äh, was wollte ich noch sagen... ach, egal."

Am Ende sagte er einfach: „Schönen Tag noch, alle miteinander. Lasst uns essen."

Die Gäste applaudierten verwirrt, und er setzte sich wieder hin.

Wahrheit: **„Weißt du, was das Beste an dieser Rede war? Du hast dich nicht mal richtig vorbereitet, aber immerhin hat niemand gemerkt, wie beschissen du warst."**

Kurzgeschichte 11: „Die Fitnessstudio-Revolution"

Warum du im Fitnessstudio nie wirklich „stark" wirst, es sei denn, du bist auch wirklich faul.

Ein Mann meldete sich im Fitnessstudio an, um seine Muskeln zu stählen und sich einen Körper wie einen griechischen Gott zu schaffen. „Ich werde trainieren, bis ich die Welt erschüttere", dachte er.

Doch der erste Tag war ein Desaster. Schon nach fünf Minuten fühlte er sich wie ein kranker Dackel, der dringend nach einem Haufen Schokolade verlangt.

Er versuchte, die Übungen zu machen, aber jedes Mal, wenn er die Gewichte anhebt, dachte er: „Wahrscheinlich sollte ich jetzt einfach aufhören."

Am Ende des Monats hatte er zwar keinen Sixpack, aber er wusste, wie man den gesamten Gerätepark in 15 Minuten effizient ignoriert.

Wahrheit: „Oh, du hast also den Körper eines griechischen Gottes? Es muss wohl der Gott der Faulheit sein. Keine Sorge, die meisten anderen sind auch eher Götter der Vermeidung als Götter der Muskeln."

Kurzgeschichte 12: „Die Verabredung mit der perfekten Frau"

Warum du niemals wissen wirst, was du wirklich willst – und warum es dich stört.

Ein Mann ging auf ein Date mit einer Frau, die er als „die perfekte Frau" bezeichnete. Sie war attraktiv, witzig und schien ein gutes Leben zu führen.

Doch während des Gesprächs merkte der Mann schnell, dass sie ihm ständig von ihrem neuesten Yoga-Retreat und ihrer veganen Ernährung erzählte.

„Was gibt es noch über dich zu wissen?", fragte er sich. „Gibt es hier irgendein echtes Gespräch oder sind wir beide nur auf der Suche nach der perfekten Illusion?"

Am Ende des Dates verabschiedeten sie sich freundlich, aber der Mann fühlte sich leerer als vorher.

Wahrheit: „Oh ja, sie war perfekt – perfekt langweilig. Aber hey, wenigstens war sie vegan, damit du dich nicht mehr so schlecht fühlen musst."

Kurzgeschichte 13: „Das Möbelstück der Wahl"

Warum Möbel das Einzige sind, was sich verändert, wenn du in eine neue Wohnung ziehst.

Ein Mann zog in eine neue Wohnung und entschloss sich, endlich ein Sofa zu kaufen. „Das wird mein Sofa sein", dachte er, als er das perfekte Modell entdeckte – modern, bequem und viel teurer als er geplant hatte.

Nach der Lieferung setzte er sich darauf, um es zu genießen – doch irgendwie fühlte es sich gar nicht so besonders an.

„Das ist einfach ein Sofa", dachte er. „Ich hätte genauso gut das billigere aus dem Ikea-Regal nehmen können."

Am Ende stellte sich heraus, dass er das Sofa einfach nie wirklich nutzte. Es wurde zu einem teuren Dekorationsstück, auf dem er manchmal saß, um es anzuschauen.

Wahrheit: **„Oh ja, du hast jetzt ein luxuriöses Sofa. Vielleicht, weil du so viel für den Platz bezahlt hast, dass du es nicht einmal benutzen willst. Klasse Entscheidung."**

Kurzgeschichte 14: „Die Partynacht und der Kater"

Warum du nie weißt, warum du überhaupt gefeiert hast.

Ein Mann entschloss sich, zu einer Party zu gehen, die er eigentlich hasste. Alle waren da, und er dachte sich: „Ich gehe hin, ich habe nichts Besseres zu tun."

Er trank, tanzte, und am Ende des Abends war er betrunken und konnte sich nicht mehr an den Grund erinnern, warum er überhaupt hingegangen war.

Am nächsten Morgen wachte er mit einem riesigen Kater auf und fragte sich, warum er so viel Zeit mit so vielen Menschen verschwendet hatte.

Wahrheit: „Hast du's auch kapiert? Du hast also bis zum letzten Moment gewartet, um herauszufinden, dass du ohne Grund durch die Nacht gequält wurdest. Ein echter Gewinn."

Kurzgeschichte 15: „Der Vorsatz, den niemand ernst nimmt"

Warum Neujahrsvorsätze die größte Zeitverschwendung sind.

Jedes Jahr das Gleiche: Ein Mann setzt sich an Silvester vor den Spiegel und schreibt eine Liste mit seinen Neujahrsvorsätzen. „Ich werde weniger trinken, mehr Sport machen, gesünder essen. Dieses Jahr wird mein Jahr", denkt er sich.

Am ersten Januar geht er ins Fitnessstudio, um mit der „Revolution" zu starten. Nach fünf Minuten auf dem Laufband denkt er: „Wozu eigentlich? Ich könnte jetzt genauso gut zuhause auf der Couch liegen und Netflix schauen."

Am zweiten Januar erträgt er einen grünen Smoothie, der wie Sägewerk-Wasser schmeckt, und seufzt.

Am Ende des Monats hat er einen einzigen Vorsatz umgesetzt – er hat aufgehört, sich selbst zu belügen.

Wahrheit: „Herzlichen Glückwunsch! Du hast also aufgehört, dir etwas vorzumachen. Jetzt kannst du die nächsten zwölf Monate einfach mit einem Kasten Bier und einer Tüte Chips verbringen. Das wird der wahre Erfolg."

Kurzgeschichte 16: „Die Diät-App und das verlorene Selbstvertrauen"

Warum das Zählen von Kalorien den Appetit auf das Leben zerstört.

Ein Mann lud sich die neueste Diät-App herunter. „Wenn ich jede Mahlzeit genau tracke, werde ich endlich die Kontrolle über mein Leben gewinnen", dachte er.

Am ersten Tag gab er sein Frühstück ein: „Ein Apfel und ein Kaffee – 150 Kalorien." Die App meldete: „Gut, du hast dein Ziel erreicht!"

Am dritten Tag stellte sich heraus, dass er jede Mahlzeit überzählt hatte – aber irgendwie war er immer noch hungrig.

Er begann, nach jedem Bissen auf das Handy zu starren und fühlte sich wie ein verdammter Kalorienzähler.

Am Ende des Monats hatte er nicht nur drei Kilo zugenommen, sondern auch das Gefühl, dass er in der größten Diätfalle aller Zeiten gefangen war.

Wahrheit: **„Wow, du hast 5.000 Kalorien eingespart, aber 10.000 für psychologische Hilfe ausgegeben. Echt ein super Plan."**

Kurzgeschichte 17: „Der perfekte Moment für den großen Sprung"

Warum du nie weißt, wann du springen sollst – und trotzdem lieber bleibst.

Ein Mann stand vor der Entscheidung seines Lebens: einen sicheren Job kündigen und seinem Traum folgen, ein eigenes Café zu eröffnen. „Das ist der perfekte Moment", dachte er sich. Er kündigte, mietete ein Ladenlokal und begann, zu planen. Doch plötzlich stieg der Druck. Die Miete, die Mitarbeiter, der Kaffee – nichts funktionierte wie erhofft.

Dann kam der Punkt, an dem er dachte: „Ich könnte einfach wieder zurück in den alten Job gehen und mich für immer von diesem Alptraum befreien."

Er entschied sich, zu bleiben. Am Ende stellte sich heraus, dass er mit einem Café genauso wenig anfangen konnte wie mit einer Steuererklärung.

Wahrheit: **„Also gut, du hast es gewagt, das zu tun, was du niemals tun solltest. Du hast dich für die Krise entschieden. Herzlichen Glückwunsch, du bist jetzt Café-Besitzer und Psychologe in einem."**

Kurzgeschichte 18: „Der Wandertag und die Rückkehr zur Realität"

Warum Natur eigentlich nur gut für Instagram-Fotos ist.

Ein Mann meldete sich zu einem Wanderausflug an, um „die wahre Freiheit der Natur" zu erleben. „Ich werde all die Sorgen hinter mir lassen", dachte er sich.

Er packte seine Tasche, zog die Wanderschuhe an und begann den Marsch. Doch nach zwei Stunden war er völlig erledigt.

„Warum sollte ich mir den Arsch abwandern, wenn das auch in der Stadt auf der Couch geht?"

Er hatte einen Rucksack voller Snacks, um die „Naturerfahrung" zu überstehen, und schickte ein Selfie an seine Freunde.

Am Ende des Tages war der einzige „Abenteuererfolg", den er zu verzeichnen hatte, eine Blase und der süße Schmerz der Erkenntnis: Wandern macht nur Spaß, wenn du auf Instagram so tust, als ob es Spaß macht.

Wahrheit: **„Super, du hast es geschafft. Du bist der König der Berge – zumindest der, der von der bequemen Couch aus regiert. Glückwunsch!"**

Kurzgeschichte 19: „Die Selbsthilfegruppe und der tiefe Fall"

Warum Selbsthilfegruppen das einzig wahre Chaos in deinem Leben sind.

Ein Mann entschloss sich, zu einer Selbsthilfegruppe zu gehen, um „sein Leben endlich auf die Reihe zu bekommen". „Ich werde mich endlich öffnen, ehrlich zu mir selbst sein", dachte er.

Die Sitzung begann und jeder Teilnehmer teilte seine Geschichte. Doch dann sagte ein Teilnehmer: „Ich habe heute Morgen einen ganzen Kuchen gegessen und mich gut dabei gefühlt."

Der Mann dachte: „Warum soll ich mich quälen? Vielleicht sollte ich einfach jeden Tag Kuchen essen und mich dann hier einfinden, um es zu 'verarbeiten'."

Am Ende des Meetings fühlte er sich nicht besser, sondern eher schlechter – vor allem wegen der schlechten Kaffeeküche.

Wahrheit: „**Toll, du hast dich geöffnet. Jetzt hast du ein paar weitere Leute, die dir ihre psychologischen Ruinen erzählen. Am besten bleibst du einfach im Kuchen-Club. Der ist wenigstens ehrlich.**"

Kurzgeschichte 20: „Der gesunde Lebensstil und der innere Widerstand"

Warum dein Körper ständig gegen deine Pläne arbeitet.

Ein Mann beschloss, von nun an gesünder zu leben. Kein Junkfood mehr, keine Zigaretten, keine schlechten Gewohnheiten.

„Ich werde mich endlich durchboxen", dachte er.

Doch am ersten Tag kam der Moment, als er vor einem Fast-Food-Laden stand und wie von selbst hineinging. „Es kann nicht schaden, wenn ich nur einmal...", dachte er und bestellte einen Burger.

Am nächsten Tag wollte er joggen gehen, doch der innere Widerstand war zu stark. Seine Couch flüsterte ihm zu: „Bleib doch einfach. Es ist viel bequemer hier."

Am Ende des Monats hatte er mehr Dips gegessen als Sport gemacht und sich in eine Lebenskrise gejoggt.

Wahrheit: **„Super, du hast deinen Körper überlistet, aber jetzt bist du ein wandelnder Widerspruch. Und die Couch ist immer noch dein bester Freund."**

Kurzgeschichte 21: „Die Schnelllebigkeit des Internets"

Warum du beim Durchscrollen nie zu dem Punkt kommst, den du gesucht hast.

Ein Mann verbrachte den Tag damit, durch das Internet zu scrollen, in der Hoffnung, ein interessantes Video zu finden. Doch jedes Mal, wenn er auf ein Video stieß, klickte er weiter, weil es „nicht gut genug" war.

Er wechselte von einer Seite zur nächsten, von einem Video zum nächsten, und merkte plötzlich: Es war fast Mitternacht. Er hatte den ganzen Tag damit verbracht, Dinge zu konsumieren, ohne etwas zu lernen oder zu erleben.

Wahrheit: **„Herzlichen Glückwunsch, du hast den ganzen Tag verschwendet, weil du dumm genug warst, nach dem perfekten Video zu suchen. Jetzt weißt du, dass es nichts gibt, das gut genug ist – besonders du."**

Kurzgeschichte 22: „Der Online-Shopper und das leere Paket"

Warum Shopping online genauso unsinnig ist wie im echten Leben.

Ein Mann beschloss, endlich seinen Kleiderschrank aufzufrischen. Er öffnete seinen Online-Shop und begann, Kleidungsstücke zu kaufen, die er nicht einmal anprobieren konnte.

„Das wird mein neuer Look!", dachte er, als er die Bestellung aufgab.

Zwei Tage später kam das Paket – voll von Klamotten, die so schlecht passten, dass er sich wie ein Clown fühlte.

„Warum habe ich das bestellt?", dachte er. „Ich brauche doch keine 20 neuen T-Shirts."

Am Ende stellte er fest, dass sein Kleiderschrank jetzt genauso voll war wie vorher – mit Sachen, die er nie tragen würde.

Wahrheit: **„Du hast 200 Euro ausgegeben, um eine Entscheidung zu treffen, die du nie getroffen hast. Aber hey, jetzt hast du eine neue Sammlung von Schrank-Food, um darüber nachzudenken."**

Kurzgeschichte 23: „Die Geschenke und der verzweifelte Versuch"

Warum du beim Geschenke kaufen nie wirklich etwas falsch machst – oder doch?

Ein Mann dachte sich, er würde dieses Jahr die perfekten Geschenke kaufen. „Ich werde jedem das geben, was er wirklich will", dachte er stolz.

Doch während er durch die Geschäfte schlenderte, fand er kein einziges Geschenk, das ihm gefallen hätte – geschweige denn, dem Empfänger.

Am Ende des Einkaufs gab er auf und kaufte einfach

irgendwas.

Der Tag kam, die Geschenke wurden ausgepackt. Jeder freute sich. Aber der Mann dachte sich: „Ich könnte genauso gut ein Buch über Geschenke kaufen. Wäre wahrscheinlich praktischer."

Wahrheit: **„Geschenke? Die größte Lüge der Welt. Aber hey, Hauptsache, sie haben ein schönes Papier."**

Kurzgeschichte 24: „Der Flug und der verlorene Traum"

Warum der Flug nicht der Flucht vor dem Leben ist.

Ein Mann buchte einen Flug zu einem tropischen Ziel, um dem tristen Alltag zu entkommen. „Ich werde den Rest meines Lebens in Ruhe genießen", dachte er.

Doch im Flugzeug kam die Erleuchtung: Die Probleme sitzen nicht im Büro, sie sitzen im Kopf.

Er landete und stellte fest, dass der Strand genauso viel zu bieten hatte wie seine Wohnung – die gleichen Gedanken, nur mit mehr Sand.

Wahrheit: **„Die Reise endet nie, und dein Kopf hat keinen Urlaub. Viel Spaß mit deinem Urlaub, der nicht wirklich ein Urlaub war."**

Kurzgeschichte 25: „Der Yoga-Kurs und der wahre Schmerz"

Warum Entspannungstechniken manchmal mehr schaden als nützen.

Ein Mann meldete sich zum Yoga-Kurs an, um „endlich inneren Frieden zu finden". „Ich werde meine Flexibilität verbessern, mich entspannen und die Welt wird ein besserer Ort", dachte er. Beim ersten Kurs sah er alle anderen, wie sie mit Leichtigkeit in die Pose des herabschauenden Hundes gingen. Als er es versuchte, rutschte er auf der Matte aus und landete auf dem Rücken.

„Wie zur Hölle macht man das?" fragte er sich, während er den Schmerz im Rücken spürte.

Der Trainer sagte: „Lass alle Gedanken los und finde dein Zentrum."

Wahrheit: „Ja, lass alle Gedanken los, besonders die, dass Yoga eine gute Idee war. Aber hey, du hast jetzt wenigstens Rückenschmerzen, die du wunderbar ignorieren kannst."

Kurzgeschichte 26: „Das Fasten und der heilige Bissen"

Warum Diäten den Hunger verstärken und nicht besiegen.

Ein Mann beschloss, eine Woche lang zu fasten. „Ich werde den Körper reinigen und die Kontrolle zurückgewinnen", dachte er, als er seinen Kühlschrank leerte.

Er überlebte den ersten Tag mit nur Wasser und ein paar Nüssen. Am dritten Tag dachte er über ein einzelnes Stück Pizza nach, als ob es der heilige Gral wäre.

Nach der Fastenwoche stand er vor dem Spiegel, halb verhungert und immer noch genauso unsicher wie zu Beginn.

Wahrheit: **„Herzlichen Glückwunsch! Du hast es geschafft, den Hunger zu kontrollieren. Und was hast du gelernt? Dass du auch mit vollem Magen genauso unsicher bleibst."**

Kurzgeschichte 27: „Die Dating-App und die traurige Wahrheit"

Warum moderne Liebe ein Glücksspiel ist.

Ein Mann meldete sich bei einer Dating-App an, in der Hoffnung, die Liebe seines Lebens zu finden. „Ich werde den perfekten Partner finden, der mich versteht", dachte er.

Er swipte nach rechts, nach links, und plötzlich fand er „die Richtige". Ihr Profil war perfekt, und sie war sogar in der Nähe.

Sie trafen sich in einem Café. Doch anstatt sich zu verlieben, stellte er fest, dass sie die gleiche Angst vor sozialen

Interaktionen hatte wie er.

Der Abend endete mit beiden, die sich beim Abschied anlächelten und stumm davongingen.

Wahrheit: „Du hast die Liebe deines Lebens gefunden! Sie ist genauso verloren wie du. Was für eine Erfüllung."

Kurzgeschichte 28: „Die Reality-Show und der wahre Lebenstest"

Warum das Leben nicht nach Drehbuch läuft.

Ein Mann entschloss sich, eine Reality-Show zu schauen, um „die Wahrheit über das Leben der anderen" zu erfahren. „Da wird wirklich nichts beschönigt", dachte er.

Er schaute sich die Show an und staunte über die verrückten Dramen, die sich in jeder Episode entwickelten.

Am nächsten Tag erlebte er ein eigenes Drama, als sein Mitbewohner seine Lieblingsschokolade klaute.

„Warum ist mein Leben nicht genauso aufregend wie in der Show?" fragte er sich.

Wahrheit: „Vielleicht, weil deine Reality-Show von einem totalen Idioten erzählt wird, der eine Tüte Schokolade nicht mal richtig aufmachen kann. Spannend, oder?"

Kurzgeschichte 29: „Das Social-Media-Leben und der Filter"

Warum das wahre Leben hinter einem Bildschirm nie so glänzt wie in den Bildern.

Ein Mann verbrachte Stunden damit, sein Leben auf Social Media zu teilen. „Ich werde das perfekte Bild für jedes Event machen", dachte er.

Er stellte die Kamera auf, stellte sich in Pose und bearbeitete jedes Bild, bis es aussah, als würde er im Luxus schwelgen.

Doch als er das Bild postete, bemerkte er, dass die Follower zwar „Gefällt mir" klickten, aber niemand nach dem echten Mann fragte.

Wahrheit: „Toll, du bist ein Bildbearbeiter und kein Mensch mehr. Super Erfolg."

Kurzgeschichte 30: „Der Hobbyfotograf und die falsche Perspektive"

Warum Kunst nur dann Kunst ist, wenn du die Realität ignorierst.

Ein Mann nahm sich vor, ein Hobbyfotograf zu werden. „Ich werde die Welt mit meinen Bildern verändern", dachte er.

Er fotografierte alles, was ihm in die Quere kam – vom alten Baum bis zur Katze des Nachbarn.

Am Ende stellte er sich seine Fotos im Internet vor, stolz auf seine „künstlerische Perspektive". Doch niemand verstand, warum er immer nur Bilder von leer stehenden Parkplätzen machte.

Wahrheit: „Glückwunsch! Du hast das Geheimnis des modernen Kunstverständnisses gelöst: Niemand muss es verstehen, solange du damit angeben kannst."

Kurzgeschichte 31: „Der Veganismus und der Frust des Verzichts"

Warum die Ethik nicht immer den Hunger stillt.

Ein Mann beschloss, vegan zu leben, um „die Welt zu retten" und sich selbst zu befreien. „Ich werde die Tiere respektieren und mich gesund ernähren", dachte er.

Doch nach einer Woche war er immer noch hungrig und müde. Beim Blick auf die veganen Riegel im Supermarkt stellte er fest, dass sie mit Zucker vollgestopft waren.

Am Ende schlich er nach Hause und aß heimlich einen Bacon-Sandwich.

Wahrheit: „Wow, du hast den Plan, die Welt zu retten, und dabei die Idee vergessen, selbst zu überleben. Aber hey, wenigstens sind die Tiere jetzt gerettet – für heute."

Kurzgeschichte 32: „Der Bücherwurm und die unlesbaren Seiten"

Warum man sich nicht immer als schlauer fühlt, wenn man viele Bücher liest.

Ein Mann kaufte ein neues Buch, weil er sich als „intellektuellen Leser" etablieren wollte. „Ich werde so viele Bücher lesen, dass ich der Weiseste in meinem Freundeskreis werde", dachte er.

Er las Seite für Seite, verstand aber nie wirklich, worum es ging. Nach dem zehnten Buch stellte er fest, dass er sich immer noch genauso dumm fühlte wie zu Beginn.

Wahrheit: **„Wow, du hast ein Bibliotheksregal voll Bücher. Und du hast nichts verstanden. Aber hey, wenigstens bist du jetzt intellektuell und weißt, wie du es niemandem erklären musst."**

Kurzgeschichte 33: „Das DIY-Projekt und die zerschmetterte Hoffnung"

Warum Handwerk mehr als ein Hobby ist – besonders, wenn du keine Ahnung hast.

Ein Mann entschloss sich, sein Wohnzimmer selbst zu renovieren. „Ich werde dieses Projekt meistern und stolz auf mein Können sein", dachte er.

Er kaufte Farben, Pinsel und jede Menge Anleitungen, doch schon nach der ersten Stunde stellte er fest, dass seine Wand mehr an Picasso erinnerte als an ein echtes Design.

Die Schränke wackelten, die Tapete war schief, und er konnte die Schränke nicht einmal an die Wand schrauben.

Wahrheit: „Herzlichen Glückwunsch! Du hast ein DIY-Projekt durchgezogen – und das Wohnzimmer sieht jetzt aus wie ein Witz. Aber hey, du hast es wenigstens selbst gemacht... oder hast du das?"

Kurzgeschichte 34: „Der Fitnesscoach und der innere Schweinehund"

Warum das Trainieren mit einem Coach die Faulheit nur verstärkt.

Ein Mann meldete sich für ein intensives Training mit einem Personal Trainer an. „Ich werde so fit wie ein Athlet", dachte er. Doch jedes Mal, wenn der Trainer ihn anfeuerte, wollte er nur noch im Bett bleiben und sich den Rest des Lebens als „ruhenden Planeten" gönnen.

Am Ende des Trainings stand er vor dem Spiegel und fragte sich, warum er noch immer keinen einzigen Push-up geschafft hatte.

Wahrheit: „Du hast die besten Übungen durchgezogen – um am Ende nichts anderes zu tun als sich selbst zu verfluchen. Aber hey, du hast einen coolen Trainer. So ist das Leben."

Kurzgeschichte 35: „Die Selbsthilfe-Bücher und das missverstandene Vertrauen"

Warum ein Buch über Selbsthilfe nie wirklich hilft.

Ein Mann kaufte sich ein Selbsthilfe-Buch, das ihm versprechen sollte, sein Leben zu verändern. „Ich werde lernen, mein Leben zu führen", dachte er.

Er las jede Seite und machte sich Notizen – doch am Ende des Buches stellte er fest, dass seine Probleme immer noch genauso da waren wie vorher.

Wahrheit: „Gratulation! Du hast ein Buch durchgelesen, das dir erzählt, wie du die Antwort findest – und du hast immer noch keine Ahnung, was du tust."

Kurzgeschichte 36: „Der Vegane Burger und der Blick auf die Realität"

Warum auch gesunde Ernährung nicht vor einem üblen Kater schützt.

Ein Mann beschloss, seinen Lebensstil zu ändern und vegan zu werden, um gesünder zu leben. „Endlich nehme ich die Zügel in die Hand", dachte er stolz, während er sich einen veganen Burger bestellte.

Als er ihn aß, fühlte er sich zunächst gut – bis sein Körper rebellierte. Die Kombination aus Kichererbsen und Quinoa verwandelte sich in eine Explosion im Magen.

Am nächsten Tag verfluchte er seine Entscheidung, als er sich in der Küche über den Ketchup bückte, der noch immer an seiner veganen „Hoffnung" hing.

Wahrheit: „Der vegane Burger ist also nicht die Antwort, aber hey, wenigstens bist du jetzt noch eine Diät gescheitert und hast weniger Bauchschmerzen als ein Rindfleisch-Patty."

Kurzgeschichte 37: „Der Künstliche Urlaub und der heiße Stuhl"

Warum eine virtuelle Auszeit die körperliche Rückkehr zur Realität schlimmer macht.

Ein Mann wollte dem Alltag entfliehen, ohne sein Haus zu verlassen. „Ich werde auf einem virtuellen Urlaub in den Alpen entspannen", dachte er, als er sich eine VR-Brille aufsetzte. Ein paar Minuten später fand er sich inmitten eines wunderschön schneebedeckten Bergpanoramas. Es war ruhig. Bis er merkte, dass die Brille ihm nur die Natur vorgaukelte, während sein Hintern auf dem Stuhl klebte, und er gerade anfing, seine Gesundheit zu verlieren.

Wahrheit: „Toll, du hast virtuell Urlaub gemacht und in der realen Welt deinen Hintern zementiert. Du hast die Alpen gesehen – vom Bürostuhl aus."

Kurzgeschichte 38: „Der Flugzeugabsturz und der Überlebenskünstler"

Warum wir uns selbst überschätzen, wenn wir wirklich keinen Plan haben.

Ein Mann war auf einem Flug und las ein Buch über Überlebenstechniken, um „im Falle eines Notfalls vorbereitet zu sein".

Als das Flugzeug plötzlich Turbulenzen erlebte, spürte er den Adrenalinstoß und dachte, jetzt komme sein Moment. Er wollte wissen, was zu tun war. Doch er merkte sofort, dass die „Techniken" nichts nützten, als die Notwendigkeit der Landung zu spät erkannte.

Wahrheit: **„Klar, du bist ein Überlebenskünstler. Aber in der realen Welt hilft dir kein Survival-Buch – nur der Panikknopf auf deinem Flugticket."**

Kurzgeschichte 39: „Der Diät-Wettbewerb und die schlaue Falle"

Warum Diäten zwar gut klingen, aber nie das sind, was man denkt.

Ein Mann nahm an einem Diät-Wettbewerb teil, um endlich „in Form zu kommen". „Ich werde der Beste sein", dachte er, als er den Plan studierte.

Er hatte die ersten Tage keinen Zucker, keine Kohlenhydrate

und keine Lust. Doch dann fiel er in die Falle des „schnellen Mittagessens" und machte eine Ausnahme. Und eine Ausnahme wurde zu einer weiteren – und bevor er es wusste, hatte er das Wettbewerbsziel mehr als deutlich verfehlt.

Wahrheit: „Und du hast es geschafft! Nicht den Wettbewerb zu gewinnen, sondern den Moment, in dem du dir selbst wieder eine Ausrede für das schlechte Essen gibst."

Kurzgeschichte 40: „Der Instagram-Lifestyle und der Fake-Filter"

Warum das perfekte Bild manchmal das größte Problem ist.

Ein Mann beschloss, sein Leben auf Instagram zu zeigen. „Ich werde den perfekten Lifestyle kreieren", dachte er, als er die erste Aufnahme machte.

Er stellte sicher, dass jedes Bild einen perfekten Filter hatte, der seine „dunklen Ränder" abdeckte und ihn wie einen erfolgreichen Menschen aussehen ließ. Doch plötzlich bemerkte er, dass er einen riesigen „echten" Fehler hatte: seine eigene Verzweiflung.

Wahrheit: „Gratuliere, du bist der König der gefilterten Unwahrheit. Aber deine Realität ist immer noch so langweilig wie deine Bildunterschriften."

Kurzgeschichte 41: „Das Tinder-Date und der Spiegel der Wahrheit"

Warum der erste Eindruck nichts über das Leben sagt.

Ein Mann traf sich mit einer Frau, die er auf Tinder kennengelernt hatte. „Sie sieht aus wie die perfekte Partnerin", dachte er, als sie sich in einem Café trafen.

Doch je mehr sie miteinander sprachen, desto mehr merkte er, dass sie sich selbst nur als „Selbsthilfe-Buch" verstand. Ihre Worte klangen wie ein schlecht geführtes Coaching-Seminar. Am Ende des Treffens war er sich sicher: Sie war mehr ein Projekt als eine Partnerin.

Wahrheit: „Herzlichen Glückwunsch! Du hast dein Leben mit einer Therapeutin auf Tinder verschwendet. Und sie hat es nicht einmal gemerkt, dass du nichts für sie tun kannst."

Kurzgeschichte 42: „Der Fitness Tracker und die Überraschung"

Warum Technik immer eine eigene Meinung hat.

Ein Mann kaufte sich einen Fitness Tracker, um „sein Leben zu verbessern". „Ich werde jetzt immer wissen, wie gesund ich bin", dachte er und schnallte sich das Gerät um.

Doch nach dem ersten Tag stellte der Tracker fest, dass er mehr Zeit im Bett verbrachte als beim Sport. „Sieh mal an", dachte er, „der Tracker ist genau wie ich – voller Ausreden."

Wahrheit: „Toll! Dein Fitness Tracker hat dir jetzt genau gesagt, wie faul du bist. Aber hey, wenigstens trägt es das gleiche Selbstwertgefühl wie du."

Kurzgeschichte 43: „Der Weltverbesserer und der gescheiterte Plan"

Warum der Versuch, die Welt zu retten, immer bei einem selbst endet.

Ein Mann beschloss, ein Projekt zu starten, das „die Welt verbessern" sollte. „Ich werde etwas tun, das den Planeten rettet", dachte er, als er die Crowdfunding-Seite ins Leben rief. Er spendete großzügig und drückte anderen Menschen sein Weltbild auf, nur um zu merken, dass die meisten seiner Spenden für „größere Projekte" – wie den Kauf eines teuren Gadgets – draufgingen.

Wahrheit: „Du hast die Welt gerettet... und dich selbst verkauft. Großartige Sache. Und jetzt frag dich mal, was du davon hast. Viel Spaß dabei!"

Kurzgeschichte 44: „Der Nahrungsmittelallergiker und der Verzicht"

Warum der Verzicht auf alles nicht immer die Lösung ist.

Ein Mann stellte fest, dass er gegen fast alles allergisch war. „Ich werde meine Ernährung umstellen und gesünder leben", dachte er, als er sich für glutenfrei, zuckerfrei, laktosefrei und jede weitere „frei"-Option entschied.

Doch nach einem Monat stellte er fest, dass er nur noch mit Soja-Quark und Avocado-Salat überlebte – und trotzdem heftig allergisch auf die Welt reagierte.

Wahrheit: **„Du hast dich vor allem versteckt, aber es hat nichts geholfen. Glückwunsch! Du bist allergisch gegen dich selbst."**

Kurzgeschichte 45: „Der Minimalist und der Raum für mehr"

Warum weniger wirklich mehr ist, aber du trotzdem übertreibst.

Ein Mann beschloss, ein minimalistisches Leben zu führen. „Weniger ist mehr", dachte er, als er seine Wohnung ausmistete.

Er zog in eine winzige Wohnung und packte alles weg, was nicht unbedingt notwendig war. Doch plötzlich merkte er, dass er jetzt in einem Raum lebte, der so leer war wie seine Gedanken.

Wahrheit: „Wenig ist mehr? Du hast es geschafft, auf alles zu verzichten – aber auf deinen gesunden Menschenverstand noch mehr. Herzlichen Glückwunsch!"

Kurzgeschichte 46: „Der Bestseller-Autor und der leere Stuhl"

Warum es schwierig ist, in den eigenen Fußstapfen zu gehen.

Ein Mann beschloss, ein Bestseller-Autor zu werden. „Ich werde ein Buch schreiben, das die Welt verändert", dachte er, als er anfing, an seinem Roman zu arbeiten.

Doch nach Wochen der Arbeit fand er sich nur mit leeren Seiten und noch mehr Zweifeln konfrontiert. Das einzige, was er schrieb, war „Ich kann das nicht".

Wahrheit: „Du hast den Bestseller geschafft – zumindest den Titel. Und das Manuskript ist so leer wie die Seiten, auf denen du versuchst, zu verstehen, was du eigentlich willst."

Kurzgeschichte 47: „Das Büro und der Glanz der Karriereschritte"

Warum der Traumjob manchmal der Albtraum ist.

Ein Mann träumte immer von einer Karriere im Büro. „Ich werde der Boss, der alles weiß und alles richtig macht", dachte er, als er sich auf die Bewerbung vorbereitete.

Er bekam den Job, aber bald merkte er, dass er mehr Stunden im Büro verbrachte als im eigenen Leben. Meetings, E-Mails, endlose To-Do-Listen – der „Traumjob" war mehr eine Leere.

Wahrheit: **„Herzlichen Glückwunsch! Du hast den Job deiner Träume bekommen – und dabei dein Leben verloren. Willkommen im Büroalbtraum!"**

Kurzgeschichte 48: „Der Jobverlust und der Neuanfang"

Warum das Ende des Jobs der Anfang von etwas Größerem sein kann.

Ein Mann verlor seinen Job nach vielen Jahren im Unternehmen. „Das war's, ich werde nie wieder einen Job finden", dachte er, als er deprimiert auf dem Sofa saß.

Doch dann begann er, neue Möglichkeiten zu erkunden, alte Träume wiederzubeleben und sogar ein eigenes Projekt zu starten.

Wahrheit: **„Toll, du hast deinen Job verloren – und den Weg zu etwas größerem und besserem gefunden. Viel Spaß beim Neuanfang!"**

Kurzgeschichte 50: „Das Fitnessstudio und die leere Versprechung"

Warum der Sport dich nie so glücklich macht wie die Werbung.

Ein Mann hatte beschlossen, endlich fit zu werden und meldete sich im Fitnessstudio an. „Diesmal wird es anders", dachte er, als er mit neuem Elan das erste Mal antrat.

Doch schon nach wenigen Wochen merkte er, dass der „Weg zur Fitness" mehr aus fiesen Geräten und Schweiß als aus Resultaten bestand. Er war immer noch genauso müde und frustriert wie zu Beginn.

Wahrheit: „Du hast den Körper, den du wolltest – nur dass der jetzt genauso ausfällt wie deine Erwartungen.

Willkommen im Fitnessstudio, wo Träume genauso viel wiegen wie das Gewicht auf der Bank."

Kurzgeschichte 51: „Der Diätplan und der unendliche Hunger"

Warum Diäten immer gut klingen, aber nie wirklich funktionieren.

Ein Mann hatte genug von seiner schlechten Ernährung und beschloss, sich an einen strikten Diätplan zu halten. „Diesmal nehme ich wirklich ab", dachte er, als er die ersten Mahlzeiten zubereitete.

Doch der Hunger wuchs genauso schnell wie sein Frust. Er

konnte den Diätplan kaum durchhalten, und die einzige Veränderung war, dass er jetzt noch hungriger war als zuvor.

Wahrheit: „Herzlichen Glückwunsch! Du hast das Abnehmen geschafft – und gleich noch den Hunger dazu. Jetzt bist du fett und hungrig. Ein wahrer Diätprofi."

Kurzgeschichte 52: „Der Selfie-Wahn und der bittere Verlust"

Warum der Versuch, sich selbst zu lieben, oft in die Hose geht.

Ein Mann war besessen von Selbstporträts und dachte, er würde sich so selbstbewusster fühlen. „Ich werde der coolste Mensch auf Instagram", dachte er, als er seine Selfies veröffentlichte.

Doch die Likes kamen nur spärlich, und nach einer Weile fühlte er sich mehr wie ein verzweifelter Clown, der die Aufmerksamkeit anderer brauchte, um sich selbst zu bestätigen.

Wahrheit: „Du hast dich selbst gefunden – aber nur auf den Social-Media-Feeds. Wer hätte gedacht, dass du mehr Bestätigung von Fremden brauchst als von deinem eigenen Spiegelbild?"

Kurzgeschichte 53: „Der Freund, der nie zuhört"

Warum manche Freundschaften nicht mehr als ein lautes Echo sind.

Ein Mann traf sich regelmäßig mit seinem Freund, der ihm ständig von seinen „großartigen" Plänen erzählte. „Dieses Mal wird es wirklich spannend", dachte er, als er wieder einmal den Monolog über den Jobwechsel, das neue Auto und den geplanten Urlaub hörte.

Doch irgendwann merkte er, dass er nichts anderes tat, als zuzuhören, ohne jemals etwas zurückzugeben.

Wahrheit: **„Du hast den besten Freund gefunden – aber er hört dir genauso wenig zu wie du ihm. Herzlichen Glückwunsch, ihr seid jetzt beide Experten im Schweigen."**

Kurzgeschichte 54: „Das Online-Shopping und der entgangene Glücksmoment"

Warum der Konsum nur vorübergehende Freude bringt.

Ein Mann hatte genug von seiner langweiligen Wohnung und entschloss sich, sie mit neuen Möbeln und Accessoires aufzupeppen. „Dies wird mein Leben verändern", dachte er, als er die besten Angebote online entdeckte.

Woche um Woche kamen Pakete an, aber der „Erfolg" blieb aus. Die neue Einrichtung war zwar stylisch, aber irgendwie leer und bedeutungslos.

Wahrheit: „Du hast dich eingerichtet – und trotzdem ist dein Leben genauso leer wie deine Bankkonten. Wer hätte gedacht, dass Konsum keine Lücke füllt, sondern nur das Konto plündert?"

Kurzgeschichte 55: „Das Bewerbungsgespräch und der unsichtbare Erfolg"

Warum sich der Weg zum Job manchmal in den Sand setzt.

Ein Mann hatte sich bei einer Firma beworben, von der er glaubte, sie sei seine „große Chance". „Dies wird der Karriereschritt meines Lebens", dachte er beim Bewerbungsgespräch.

Doch am Ende wurde er abgelehnt. Nicht, weil er schlecht war, sondern weil er genau wie jeder andere in der gleichen Warteschlange stand.

Wahrheit: „Du hast dein Selbstbewusstsein verbraucht und eine Absage bekommen. Herzlichen Glückwunsch, du bist der Erste in einer langen Reihe von Misserfolgen."

Kurzgeschichte 56: „Der Vegetarier und der Kampf gegen das Schnitzel"

Warum der Versuch, moralisch korrekt zu leben, oft im Fleisch endet.

Ein Mann beschloss, Vegetarier zu werden, um die Welt zu retten. „Ich werde die Tiere retten", dachte er, als er den ersten fleischfreien Burger aß.

Doch eines Abends landete er doch wieder beim Schnitzel – und fühlte sich verdammt gut dabei.

Wahrheit: **„Du hast die Tiere gerettet – aber dein eigener moralischer Kompass hat auch sein eigenes Stück Fleisch in der Pfanne. Und du hast die Bratensoße nicht mal bereut."**

Kurzgeschichte 57: „Das Yoga und der innere Schweinehund"

Warum Entspannung manchmal die größte Herausforderung ist.

Ein Mann versuchte, sich im Yoga zu entspannen, um seinen stressigen Alltag zu bewältigen. „Ich werde das in den Griff bekommen", dachte er, als er die erste Stunde begann.

Doch nach einer Stunde „innerer Ruhe" stellte er fest, dass er mehr mit seiner eigenen Flexibilität und der Position der Füße kämpfte als mit seinem Geist.

Wahrheit: „Du hast die inneren Blockaden gelöst –
zumindest die Blockaden gegen deine Gelenke.
Entspannung ist eben nicht alles, was es verspricht.
Vielleicht versuchst du es einfach mal mit einem
Nickerchen."

Kurzgeschichte 58: „Der Neujahrsvorsatz und das verschwundene Engagement"

Warum der Versuch, alles zu verändern, schnell an die Wand fährt.

Ein Mann fasste zu Beginn des Jahres den Entschluss, sich zu verändern. „Ich werde disziplinierter, erfolgreicher und gesünder sein", dachte er, als er die ersten Tage des Jahres euphorisch begann.

Doch nach zwei Wochen lag der Plan brach, und der „neue, bessere Mensch" verschwand genauso schnell wie seine Motivation.

Wahrheit: „Neujahrsvorsätze sind wie deine Motivation – sie verschwinden immer dann, wenn du sie am meisten brauchst. Und du bist nicht der einzige, dem das passiert."

Kurzgeschichte 59: „Die Diät und der Löffel der Verführung"

Warum der Versuch, ein neues Leben zu beginnen, durch die Küche scheitert.

Ein Mann startete eine Diät, aber als er seine ersten Mahlzeiten kochte, merkte er, dass der wahre Feind nicht die Kalorien waren – sondern das Verlangen nach dem Dessert.

Wahrheit: **„Herzlichen Glückwunsch, du hast die Diät geschafft – und jetzt fühlst du dich genauso wie bei deinem Lieblingsgericht, das dich ruiniert. Aber hey, wenigstens schmeckt es!"**

Kurzgeschichte 60: „Das neue Handy und der Überlebenskampf"

Warum das Streben nach dem neuesten Gadget nie das Leben erleichtert.

Ein Mann kaufte sich das neueste Handy. „Das wird mein Leben verändern", dachte er, als er die neue Technik in den Händen hielt.

Doch am Ende war er genauso verloren, als er versuchte, die neuesten Funktionen zu verstehen, und fragte sich, ob er wirklich „mit der Zeit" gehen wollte.

Wahrheit: **„Toll, du hast jetzt das neueste Handy. Und du weißt immer noch nicht, wie du es richtig einsetzt.**

Willkommen im Leben der modernen Technik, die mehr
Fragen als Antworten liefert."

Kurzgeschichte 61: „Der Jogger und der wahre Wettkampf"

*Warum der Versuch, fit zu werden, immer in einem Kampf
gegen den inneren Schweinehund endet.*

Ein Mann beschloss, endlich mit dem Joggen anzufangen.
„Heute wird der Tag, an dem ich die Welt erobere", dachte er,
als er den ersten Schritt setzte.
Doch schon nach fünf Minuten war er aus der Puste und sah
sich um, ob jemand seinen „Wettkampf" beobachtete.
Schließlich gab er auf und zog sich in sein Sofa zurück.
**Wahrheit: „Du hast den Marathon gewonnen – gegen deinen
inneren Schweinehund. Der ist allerdings schneller als du.
Aber hey, das Sofa hat gewonnen."**

Kurzgeschichte 62: „Das Handbuch für das perfekte Leben"

Warum der Plan, alles perfekt zu machen, nur zu Chaos führt.

Ein Mann kaufte sich ein „Handbuch für das perfekte Leben"
und folgte akribisch jeder Anweisung. „Jetzt wird alles besser",
dachte er, als er seinen Plan umsetzte.
Doch schnell stellte er fest, dass das perfekte Leben genauso
wenig existiert wie die perfekte Anleitung – und er nun mehr

Probleme hatte, als er zu Beginn hatte.

Wahrheit: „Du hast das perfekte Leben gefunden –
zumindest auf den Seiten des Buches. In der Realität bist
du genauso unvorbereitet wie ein Elefant in einem
Porzellanladen."

Kurzgeschichte 63: „Die Single-Party und der verzweifelte Blick"

Warum der Versuch, den perfekten Partner zu finden, meistens in einem Desaster endet.

Ein Mann ging zu einer Single-Party, überzeugt, dass er dort
die Liebe seines Lebens finden würde. „Heute ist mein Tag",
dachte er, als er die Tanzfläche betrat.

Doch nach mehreren Drinks und Gesprächen mit Menschen,
die genauso verloren waren wie er, fragte er sich, ob es noch
Hoffnung gab.

Wahrheit: „Du hast die perfekte Partnerin nicht gefunden –
dafür aber ein paar unvergessliche Gespräche mit völlig
Fremden. Willkommen in der Welt der gescheiterten
Begegnungen."

Kurzgeschichte 64: „Das Kreuzworträtsel und die innere Verzweiflung"

Warum das Streben nach Perfektion in den kleinen Dingen zu Wahnsinn führen kann.

Ein Mann war besessen davon, jeden Tag das Kreuzworträtsel perfekt zu lösen. „Heute werde ich es schaffen", dachte er, als er die erste Zeile angriff.

Doch nach einer Stunde und zahlreichen falschen Antworten warf er das Rätsel frustriert zur Seite.

Wahrheit: **„Herzlichen Glückwunsch, du hast die Antwort auf alles gefunden – und zwar auf genau nichts. Sieh es positiv: Du hast jetzt mehr Fragen als vorhin."**

Kurzgeschichte 65: „Das Glücksbringer-Armband und der Irrglaube"

Warum der Versuch, sich durch Glücksbringer vor Pech zu schützen, nie funktioniert.

Ein Mann kaufte sich ein Glücksbringer-Armband, weil er glaubte, es würde ihm bei seinen täglichen Kämpfen helfen. „Jetzt wird alles leichter", dachte er, als er das Armband stolz trug.

Doch der Tag verlief genauso chaotisch wie immer – mit einem unerklärlichen Stromausfall, einer Panne auf der Autobahn und einem verlorenen Job.

Wahrheit: „Das Armband hat dir nichts gebracht – aber wenigstens kannst du es als Lesezeichen für deine nächste Katastrophe verwenden."

Kurzgeschichte 66: „Der Chef und der ungebrochene Wille"
Warum der Versuch, den Erwartungen anderer gerecht zu werden, nur zu einer krachenden Niederlage führt.

Ein Mann hatte einen Chef, der nie zufrieden war. „Diesmal wird er sicher beeindruckt sein", dachte der Mann, als er sich ins Zeug legte und Überstunden machte.
Doch nach der Präsentation sah er nur einen enttäuschten Blick und das Gefühl, dass seine Arbeit nie genug war.
Wahrheit: „Du hast dich selbst übertroffen – und der Chef? Der bleibt weiterhin unbeeindruckt. Vielleicht solltest du den Job wechseln, oder einfach das Büro verbrennen. Was du machst, ist sowieso nie genug."

Kurzgeschichte 67: „Das vegane Restaurant und die bittere Enttäuschung"
Warum der Versuch, auf alle Wünsche zu hören, dich nur in eine unangenehme Situation bringt.

Ein Mann besuchte ein veganes Restaurant, um sich als „bewusster Esser" zu zeigen. „Das wird mir gefallen", dachte er, als er das Menü studierte.

Doch der „Käse" aus Cashew-Nüssen und der „Fleischersatz"
aus Soja waren weniger appetitlich als erwartet – und am Ende
fragte er sich, ob er je wieder eine Karotte in die Hand nehmen
würde.

Wahrheit: „Du hast den Geschmack des Bewusstseins
gekostet – und ihn sofort wieder ausgespuckt. Vielleicht
solltest du beim normalen Fleisch bleiben, bevor du dein
Gewissen überisst."

**Kurzgeschichte 68: „Das Dating-Profil und der
misslungene Eindruck"**

*Warum der Versuch, sich selbst zu verkaufen, oft zu einem
schalen Geschmack führt.*

Ein Mann erstellte ein Online-Dating-Profil, das ihn als
„abenteuerlustig" und „gepflegt" darstellte. „Diesmal werde ich
endlich die richtige Person finden", dachte er, als er die ersten
Nachrichten verschickte.

Doch nach zahlreichen schlechten Dates stellte er fest, dass er
sich selbst genauso wenig kannte wie seine Dates.

Wahrheit: „Du hast dich selbst verkauft – und bist jetzt der
einzige, der das Angebot nicht interessiert. Vielleicht
solltest du beim ersten Date einfach zugeben, dass du
genauso verloren bist wie sie."

Kurzgeschichte 69: „Die Diät und der zu starke Wille"

Warum der Versuch, sich selbst zu zwingen, sich zu ändern, dich nur noch weiter vom Ziel entfernt.

Ein Mann versuchte, sich strikt an eine Diät zu halten. „Diesmal halte ich durch", dachte er, als er sich die verbotenen Lebensmittel anschaute.

Doch der Drang nach Schokolade war stärker als je zuvor, und am Ende fraß er mehr als er je geplant hatte.

Wahrheit: **„Du hast dich durch die Diät gequält – und jetzt fühlst du dich genauso schlecht wie vor dem ersten Bissen. Vielleicht solltest du einfach das Essen genießen, bevor du den nächsten Frustmagen bekommst."**

Kurzgeschichte 70: „Das neue Auto und der ewige Kredit"

Warum der Versuch, Status zu zeigen, oft in einem finanziellen Albtraum endet.

Ein Mann kaufte sich ein neues Auto, weil er glaubte, es würde ihm den Respekt einbringen, den er verdiente. „Jetzt bin ich endlich angekommen", dachte er stolz.

Doch die monatlichen Raten und der ständige Stress, das Auto zu finanzieren, machten ihm schnell klar, dass Status mit Schulden gleichzusetzen war.

Wahrheit: **„Du hast das Auto, von dem du immer geträumt**

hast – und jetzt hast du auch den Kredit, der dir bis zum Grab folgt. Ein toller Tausch, oder?"

Kurzgeschichte 71: „Die Yogamatte und der innere Kampf"

Warum der Versuch, den Geist zu beruhigen, nur zu mehr Frustration führt.

Ein Mann kaufte sich eine Yogamatte, weil er dachte, er könnte den inneren Frieden finden. „Ich werde das schaffen", dachte er, als er die erste Stellung einnahm.

Doch nach einer Stunde merkte er, dass der einzige innere Frieden, den er fand, darin bestand, sich zu fragen, warum er das überhaupt tat.

Wahrheit: „Du hast deinen inneren Frieden gesucht – und ihn in der Ecke der Yogamatte vergraben. Vielleicht liegt der wahre Frieden darin, das Ganze einfach sein zu lassen."

Kurzgeschichte 72: „Der Karrierecoach und der Endloskreis"

Warum der Versuch, sich zu verbessern, oft nur zu einem weiteren Misserfolg führt.

Ein Mann engagierte einen Karrierecoach, um sein Leben zu verbessern. „Ich werde das nächste Level erreichen", dachte er.

Doch nach mehreren Sitzungen fühlte er sich eher wie ein Produkt als ein Mensch – und war am Ende verwirrter als je zuvor.

Wahrheit: „Du hast deine Karriere verbessert – indem du jetzt in einem noch tieferen Loch sitzt. Vielleicht solltest du einfach mit dem Graben aufhören."

Kurzgeschichte 73: „Der Balkon und der große Blick"
Warum der Versuch, das Beste zu haben, dir nur den Hals bricht.

Ein Mann kaufte sich einen teuren Balkon mit Ausblick, weil er dachte, er würde dort die Welt überblicken.

Doch er fand sich schnell in der Erkenntnis wieder, dass der Ausblick genauso leer war wie der Raum, in dem er saß.

Wahrheit: „Du hast den perfekten Ausblick gekauft – und gesehen, dass er dich genauso wenig weiterbringt wie der Balkon. Vielleicht solltest du einfach runtergehen und die Welt direkt anschauen."

Kurzgeschichte 74: „Der Zen-Garten und der unerträgliche Sand"

Warum der Versuch, Harmonie zu finden, dich nur in den Wahnsinn treibt.

Ein Mann begann, einen Zen-Garten zu pflegen, um inneren Frieden zu finden. „Heute werde ich den perfekten Garten erschaffen", dachte er.

Doch der ständig verschiebende Sand und die nie perfekte Form machten ihn wütend – bis er feststellte, dass der Garten ihn mehr stresste als entspannte.

Wahrheit: **„Du hast den perfekten Zen-Garten erschaffen – und dich dann darin verloren. Vielleicht solltest du das nächste Mal einfach die Natur lassen und in den Sandkasten zurückkehren."**

Kurzgeschichte 75: „Der Fitnessraum und der verpasste Pump"

Warum der Versuch, Körper und Geist zu stählen, nie aufhört, schmerzhaft zu sein.

Ein Mann trat in den Fitnessraum ein, voll motiviert, endlich den Körper seiner Träume zu bekommen. Doch nach drei Sätzen war er erschöpft und fragte sich, was er sich dabei dachte.

Am Ende war er mehr auf dem Laufband als im Fitnessstudio.

Wahrheit: **„Du hast das Fitnessstudio überlebt – und**

vielleicht deinen Körper, aber den Fitnessraum hast du nur zum Verlassen genutzt. Vielleicht ist das Training der Realität draußen spannender als der Fitness-Mythos."

Kurzgeschichte 76: „Der Kaffee und die Existenzangst"
Warum der Versuch, sich zu wecken, oft zu einem inneren Zusammenbruch führt.

Ein Mann stand morgens auf, dachte sich „Heute wird ein produktiver Tag" und griff nach seiner Kaffeetasse.
Doch der Kaffee schmeckte nur noch nach verbranntem Papier, und der erste Schluck ließ ihn fragen, warum er überhaupt lebte.
Wahrheit: „Du hast den Kaffee überlebt – aber nicht den Tag. Vielleicht solltest du den nächsten Schluck trinken, bevor du dich selbst in Frage stellst."

Kurzgeschichte 77: „Der Hund und die unaufhaltsame Langeweile"
Warum der Versuch, sein Leben mit einem Haustier zu bereichern, oft nur zu mehr Chaos führt.

Ein Mann entschied sich, einen Hund zu adoptieren, um „mehr Abenteuer" in sein Leben zu bringen.
Doch der Hund war ein Vollzeit-Job, der ihn ständig mit seinen Bedürfnissen forderte, und der Mann fragte sich, wann das

Abenteuer eigentlich beginnen würde.

Wahrheit: „Du hast jetzt einen Hund – und eine neue Existenzangst. Wenn der Hund glücklich ist, bist du es nicht. Wenn du glücklich bist, ist der Hund es nicht. Willkommen im Hamsterrad."

Kurzgeschichte 78: „Das Handyakku und der immer während Tod"

Warum der Versuch, ständig erreichbar zu sein, einen irgendwann in den Wahnsinn treibt.

Ein Mann ging aus dem Haus, nur um festzustellen, dass sein Handy-Akku leer war. „Kein Problem", dachte er, „ich lade es einfach auf."

Doch als er versuchte, es anzuschließen, funktionierte der Ladeanschluss nicht.

Wahrheit: „Du hast das Handy aufgeladen – und dann vergessen, dass du keine wichtigen Nachrichten bekommst. Aber hey, wenigstens bist du nicht mehr erreichbar."

Kurzgeschichte 79: „Der Therapeutenstuhl und das Gespräch mit sich selbst"

Warum der Versuch, sich selbst zu finden, oft nur zu mehr Verwirrung führt.

Ein Mann suchte sich einen Therapeuten, um endlich herauszufinden, warum er ständig unzufrieden war.

Doch nach der ersten Sitzung stellte er fest, dass er genauso verwirrt war wie vorher – und nun auch noch eine Rechnung hatte.

Wahrheit: **„Du hast jetzt einen Therapeuten – und keine Ahnung, was du hier tust. Vielleicht solltest du den Stuhl verlassen und einfach selbst zum Psychologen werden."**

Kurzgeschichte 80: „Das Fitnessarmband und der bittere Sieg"

Warum der Versuch, sich selbst zu überwachen, oft zu einem weiteren Versagen führt.

Ein Mann kaufte sich ein Fitnessarmband, um „seine Ziele endlich zu erreichen".

Doch nach einer Woche stellte er fest, dass das Armband mehr Kalorien verbrannte als er.

Wahrheit: **„Du hast das Armband überlistet – und es hat dich überwältigt. Vielleicht solltest du das Armband zum**

Laufband umprogrammieren. Es wird dich nie enttäuschen."

Kurzgeschichte 81: „Die Diät-Cola und das gescheiterte Leben"

Warum der Versuch, sich selbst zu täuschen, nie funktioniert.

Ein Mann entschied sich, eine Diät-Cola zu trinken, um Kalorien zu sparen, während er gleichzeitig einen Burger aß.
„Das ist der perfekte Plan", dachte er. Doch als er den ersten Schluck nahm, fühlte er sich genauso schuldig wie vor der Cola.
Wahrheit: **„Du hast die Diät-Cola getrunken – und dich dann gefragt, warum du trotzdem dick wirst. Vielleicht solltest du einfach aufhören, dich selbst zu belügen."**

Kurzgeschichte 82: „Der Yoga-Retreat und die unerträgliche Einsicht"

Warum der Versuch, inneren Frieden zu finden, dich manchmal nur in den Wahnsinn führt.

Ein Mann ging auf einen Yoga-Retreat, um „die Ruhe zu finden". Doch je mehr er versuchte, innerlich zu entspannen, desto mehr fielen ihm die Probleme ein, die er seit Jahren verdrängt hatte.
Wahrheit: **„Du hast dich selbst gefunden – und alles, was**

du entdeckt hast, ist noch mehr Chaos. Vielleicht solltest du einfach das Yoga-Handtuch werfen."

Kurzgeschichte 83: „Der Putzplan und die ewige Enttäuschung"

Warum der Versuch, das Leben perfekt zu organisieren, nur zu mehr Chaos führt.

Ein Mann erstellte einen detaillierten Putzplan, um sein Leben endlich auf die Reihe zu bekommen. Doch nach zwei Tagen war der Plan ein zerknülltes Stück Papier.

Wahrheit: „Du hast deinen Putzplan umgesetzt – und das Leben übersehen. Vielleicht solltest du einfach den Staub lassen und das Chaos umarmen."

Kurzgeschichte 84: „Die Dating-App und der unendliche Kreis"

Warum der Versuch, die Liebe zu finden, dich nur in eine endlose Schleife führt.

Ein Mann benutzte eine Dating-App, überzeugt, dass er dort die perfekte Frau finden würde. Doch jedes Gespräch führte zu einem noch unangenehmeren Gespräch.

Wahrheit: „Du hast die Liebe gefunden – oder zumindest einen Haufen ungeklärter Fragen. Vielleicht solltest du einfach aufhören zu swipen und einen echten Menschen treffen."

Kurzgeschichte 85: „Die Meditationsmusik und das monotone Dilemma"
Warum der Versuch, sich zu beruhigen, oft nur zu mehr Frustration führt.

Ein Mann hörte eine Meditationsmusik, um endlich „den inneren Frieden" zu finden. Doch die monotonen Töne wurden immer unerträglicher, bis er das Gefühl hatte, im Stau zu stehen – nur im Kopf.

Wahrheit: „Du hast den inneren Frieden gefunden – und dann eine Playlist, die dich wahnsinnig gemacht hat. Vielleicht solltest du einfach den Stopp-Knopf drücken und die Stille genießen."

Kurzgeschichte 86: „Das Coaching-Seminar und der große Betrug"
Warum der Versuch, sich selbst zu verbessern, oft nur eine weitere Enttäuschung ist.

Ein Mann ging zu einem Coaching-Seminar, um „seine beste Version zu werden". Doch nach drei Stunden Füllwörtern und esoterischem Blabla war er genauso verloren wie vorher.

Wahrheit: „Du hast dich weiterentwickelt – und zwar in Richtung völliger Verwirrung. Vielleicht solltest du das nächste Mal lieber einen Podcast hören, der mehr Substanz hat."

Kurzgeschichte 87: „Die Weltreise und der Abgrund der Träume"

Warum der Versuch, alles hinter sich zu lassen, oft nur zu einer Flucht vor der Realität führt.

Ein Mann machte eine Weltreise, um „sich selbst zu finden". Doch an jedem neuen Ort stellte er fest, dass er noch tiefer in den eigenen Ängsten steckte.

Wahrheit: „Du hast die Welt bereist – und dich trotzdem nicht gefunden. Vielleicht solltest du einfach mal zu Hause bleiben und deinen eigenen Wurzeln begegnen."

Kurzgeschichte 88: „Die Fitnessstudios und die leere Motivation"

Warum der Versuch, perfekt zu werden, nie hält, was er verspricht.

Ein Mann meldete sich in einem Fitnessstudio an, weil er dachte, es würde ihm helfen, „endlich den Körper zu bekommen, den er verdiente". Doch nach zwei Wochen war er wieder auf dem Sofa und fragte sich, was ihn überhaupt motiviert hatte.

Wahrheit: „Du hast das Fitnessstudio überlebt – und dich selbst zurückgelassen. Vielleicht solltest du beim nächsten Mal die Motivation besser trainieren."

Kurzgeschichte 89: „Der Luxusurlaub und das zweite, ungesunde Erwachen"

Warum der Versuch, sich zu belohnen, dich manchmal nur noch mehr auslaugt.

Ein Mann buchte einen Luxusurlaub, um sich zu entspannen und zu „erholen". Doch nach zwei Tagen fühlte er sich mehr gestresst als je zuvor und fragte sich, warum er überhaupt reiste.

Wahrheit: „Du hast den Urlaub genossen – und das nächste Erholungsziel ist bereits das nächste Chaos. Vielleicht solltest du das Ganze absagen und zu Hause bleiben."

Kurzgeschichte 90: „Der Ratgeber und die verlorene Hoffnung"

Warum der Versuch, sich durch Ratgeber zu retten, oft nur zu noch mehr Chaos führt.

Ein Mann las alle Ratgeber, die er finden konnte, um sich ein besseres Leben aufzubauen. Doch jeder Ratgeber brachte neue Fragen, ohne echte Antworten zu liefern.

Wahrheit: „Du hast die Ratgeber durchgearbeitet – und am Ende mehr Fragen als zuvor. Vielleicht solltest du einfach aufhören zu suchen und akzeptieren, dass es keine Antworten gibt."

Kurzgeschichte 91: „Der Wochenplan und der Hohn der Realität"

Warum der Versuch, alles durchzuorganisieren, uns nur weiter von der Realität entfernt.

Ein Mann erstellte einen Wochenplan, der so detailliert war, dass er sich dachte: „Jetzt habe ich alles unter Kontrolle." Doch am Ende der Woche hatte er nur noch weniger Zeit und einen Haufen unerledigter Aufgaben.

Wahrheit: „Du hast alles geplant – und trotzdem versagt. Vielleicht solltest du das nächste Mal einfach nichts tun und sehen, was passiert."

Kurzgeschichte 92: „Der Morgenlauf und die quälende Selbstverarsche"

Warum der Versuch, sich gesund zu halten, einen manchmal nur bis zum Aufstehen bringt.

Ein Mann entschloss sich, morgens joggen zu gehen, um gesünder zu leben. Doch nach 10 Minuten war er schon außer Atem und fragte sich, wie er sich jemals in der Lage gesehen hatte, den Marathon zu laufen, von dem er geträumt hatte.
Wahrheit: **„Du bist aufgestanden – und direkt wieder auf dem Sofa gelandet. Vielleicht solltest du einfach beim Fernsehen bleiben, das ist weniger anstrengend."**

Kurzgeschichte 93: „Die Zahnpasta und der wahre Kampf"

Warum der Versuch, Ordnung zu schaffen, oft zu einem absurden Chaos führt.

Ein Mann versuchte, die Zahnpastatube so zu quetschen, dass sie den letzten Rest herausgab. Doch nach fünf Minuten hatte er die ganze Tube zerquetscht und eine riesige Sauerei angerichtet.
Wahrheit: **„Du hast die Zahnpasta bezwungen – und dein Badezimmer ruiniert. Vielleicht solltest du beim nächsten Mal einfach eine neue Tube kaufen."**

Kurzgeschichte 94: „Der Online-Kurs und der Ruin der Motivation"

Warum der Versuch, sich selbst zu bilden, oft nur in einem virtuellen Teufelskreis endet.

Ein Mann meldete sich für einen Online-Kurs an, um sein Wissen zu erweitern. Doch nach der ersten Lektion hatte er schon 20 weitere zu absolvieren, die alle so kompliziert waren, dass er lieber aufhören wollte.

Wahrheit: **„Du hast dich gebildet – und trotzdem nichts gelernt. Vielleicht solltest du den Kurs einfach abbrechen und das Leben genießen."**

Kurzgeschichte 95: „Die Meditation und das endlose Gedankenkarussell"

Warum der Versuch, den Kopf frei zu bekommen, uns noch mehr beschäftigt.

Ein Mann setzte sich hin, um zu meditieren und den Kopf zu leeren. Doch statt Ruhe fand er nur eine unaufhörliche Liste von Dingen, die er noch zu tun hatte.

Wahrheit: **„Du hast meditiert – und deinen Kopf noch mehr überlastet. Vielleicht solltest du einfach aufhören zu versuchen und dir einen Kaffee holen."**

Kurzgeschichte 96: „Die Fitness-App und das Geheimnis des Nichtstuns"

Warum der Versuch, den eigenen Körper zu perfektionieren, dich nur in den Wahnsinn treibt.

Ein Mann lud eine Fitness-App herunter, die ihm jeden Tag eine neue Herausforderung stellte. Doch nach zwei Wochen hatte er nur noch Muskelkater und das Gefühl, nie etwas richtig gemacht zu haben.

Wahrheit: **„Du hast trainiert – und das Leben verpasst. Vielleicht solltest du einfach aufhören, deinem Handy zu gehorchen."**

Kurzgeschichte 97: „Die Reise zum Ziel und das Zerrbild der Hoffnung"

Warum der Versuch, sich einem Ziel zu nähern, nur zu noch mehr Frustration führt.

Ein Mann setzte sich ein Ziel, das er unbedingt erreichen wollte – aber je näher er dem Ziel kam, desto weiter entfernt fühlte es sich an.

Wahrheit: **„Du hast das Ziel erreicht – und festgestellt, dass es nur eine weitere Enttäuschung war. Vielleicht solltest du einfach den Weg genießen."**

Kurzgeschichte 98: „Der Fastenplan und die süße Sünde"

Warum der Versuch, sich von allem zu entziehen, immer scheitert.

Ein Mann entschied sich, zu fasten, um „sein Leben zu verändern". Doch nach einem Tag hatte er nur noch Lust auf Schokolade und fragte sich, warum er das Ganze überhaupt versuchte.

Wahrheit: **„Du hast gefastet – und das Leben verdorben. Vielleicht solltest du einfach essen, was du willst, und glücklich sein."**

Kurzgeschichte 99: „Der Tinnitus und der himmlische Lärm"

Warum der Versuch, Ruhe zu finden, uns nur in den Wahnsinn treibt.

Ein Mann hatte Tinnitus und suchte verzweifelt nach Ruhe. Doch egal, wie sehr er versuchte, den „Lärm" zu ignorieren, er wurde nur lauter.

Wahrheit: **„Du hast Ruhe gesucht – und den Lärm gefunden. Vielleicht solltest du einfach aufhören, die Stille zu suchen."**

Kurzgeschichte 100: „Der Checkliste und der Lebenswunsch"

Warum der Versuch, das Leben abzuhaken, nur zu einer Erschöpfung führt.

Ein Mann erstellte eine Liste von „lebenswichtigen Zielen", die er unbedingt abarbeiten wollte. Doch nach dem 10. Punkt war er so erschöpft, dass er den Rest der Liste einfach in den Mülleimer warf.

Wahrheit: **„Du hast die Checkliste abgearbeitet – und dein Leben verloren. Vielleicht solltest du einfach aufhören zu haken und leben."**

Kurzgeschichte 101: „Die Wohnung und der Kampf gegen den Staub"

Warum der Versuch, Ordnung zu halten, oft zu einem endlosen Kampf führt.

Ein Mann putzte seine Wohnung, um endlich das Gefühl von Kontrolle zu haben. Doch innerhalb von Minuten war der Staub wieder da, und die Wohnung fühlte sich noch chaotischer an.

Wahrheit: **„Du hast geputzt – und den Staub herausgefordert. Vielleicht solltest du einfach akzeptieren, dass Staub zu deinem Leben gehört."**

Kurzgeschichte 102: „Das Familienessen und das Absurde der Verhältnisse"

Warum Familienessen nicht die Heilung, sondern den Wahnsinn bringen.

Ein Mann ging zu einem Familienessen, um „wieder Nähe zu spüren". Doch es dauerte keine fünf Minuten, bis der Tisch von Meinungsverschiedenheiten und übertriebenen Diskussionen über politische Themen erdrückt wurde.

Wahrheit: **„Du hast das Familienessen überlebt – und das Chaos ausgelöst. Vielleicht solltest du beim nächsten Mal einfach zu Hause bleiben."**

Kurzgeschichte 103: „Der Handwerker und das Fass ohne Boden"

Warum der Versuch, das Haus zu renovieren, uns in den finanziellen Ruin treiben kann.

Ein Mann beschloss, sein Wohnzimmer selbst zu renovieren, um Geld zu sparen. Doch je mehr er versuchte, desto mehr stellte er fest, dass er keinen Plan hatte und das Projekt schneller scheiterte, als er „Farbe" sagen konnte.

Wahrheit: **„Du hast renoviert – und das Budget zerstört. Vielleicht solltest du beim nächsten Mal einfach einen Fachmann holen."**

Kurzgeschichte 104: „Der Wochenmarkt und das Unverständnis für das Leben"

Warum der Versuch, die eigenen Ansprüche zu erfüllen, uns nur dazu bringt, noch verwirrter zu werden.

Ein Mann ging auf den Wochenmarkt, um „frische Produkte zu kaufen". Doch nach einer halben Stunde war er nur genervt von den überteuerten Preisen und dem Gedränge.
Wahrheit: „Du hast frische Produkte gekauft – und deine Geduld verloren. Vielleicht solltest du einfach das Internet für deinen Einkauf nutzen."

Kurzgeschichte 105: „Das Smartphone und der vergessene Moment"

Warum der Versuch, immer auf dem neuesten Stand zu bleiben, uns den Moment kostet.

Ein Mann verbrachte den ganzen Tag damit, auf seinem Smartphone nach den neuesten Nachrichten zu suchen. Doch als er aufblickte, war der Tag vorbei, und er hatte keinen einzigen echten Moment erlebt.
Wahrheit: „Du hast das Smartphone nicht nur genutzt – sondern dein Leben verpasst. Vielleicht solltest du einfach mal ausmachen und den Moment leben."

Kurzgeschichte 106: „Das Abo und das Gefühl der Leere"

Warum der Versuch, alles zu abonnieren, uns oft nur noch leerer macht.

Ein Mann abonnierte mehrere Streaming-Dienste, dachte, er würde nie mehr etwas verpassen. Doch als er durch das Angebot scrollte, fand er nichts, das ihn wirklich interessierte. Wahrheit: „Du hast abonniert – und trotzdem nichts zu sehen. Vielleicht solltest du einfach die Abos kündigen und das Leben erleben."

Kurzgeschichte 107: „Der Diätplan und die bittere Enttäuschung"

Warum der Versuch, sich selbst zu zwingen, niemals funktioniert.

Ein Mann folgte einem strengen Diätplan, um sich endlich fit zu fühlen. Doch nach einer Woche hatte er nicht nur mehr Gewicht auf den Hüften, sondern auch mehr Angst vor seinem Spiegelbild.
Wahrheit: „Du hast die Diät überlebt – und das Leben ruiniert. Vielleicht solltest du einfach aufhören, dich selbst zu bestrafen."

Kurzgeschichte 108: „Der Ratgeber und das fehlende Ziel"

Warum der Versuch, den richtigen Weg zu finden, uns in noch mehr Unsicherheit stürzt.

Ein Mann kaufte sich einen Ratgeber über Lebensführung und versuchte, alle Tipps zu befolgen. Doch je mehr er las, desto unsicherer wurde er über seinen eigenen Weg.

Wahrheit: **„Du hast den Ratgeber befolgt – und dich selbst verloren. Vielleicht solltest du einfach auf dein eigenes Gefühl hören."**

Kurzgeschichte 109: „Der Jobwechsel und das neue Chaos"

Warum der Versuch, alles zu ändern, oft nur das gleiche Ergebnis bringt.

Ein Mann kündigte seinen Job, weil er dachte, er würde im neuen Beruf glücklicher sein. Doch nach dem ersten Arbeitstag stellte er fest, dass er nur in einem anderen Käfig gelandet war.

Wahrheit: **„Du hast den Job gewechselt – und das Leben bleibt gleich. Vielleicht solltest du einfach anfangen, das Beste aus dem zu machen, was du hast."**

Kurzgeschichte 110: „Die Einkaufsstraße und die falsche Hoffnung"

Warum der Versuch, sich selbst zu belohnen, uns nur enttäuscht.

Ein Mann ging in die Einkaufsstraße, um sich zu belohnen. Doch nach dem Einkauf stellte er fest, dass die Dinge, die er gekauft hatte, nicht das versprachen, was er sich erhofft hatte. Wahrheit: **„Du hast geshoppt – und das Gefühl der Leere behalten. Vielleicht solltest du das nächste Mal nach innen schauen und nicht nach außen."**

Kurzgeschichte 111: „Die Spritze und die unnötige Angst"

Warum der Versuch, sich zu schützen, manchmal die größte Furcht hervorruft.

Ein Mann bekam eine Spritze gegen die Grippe, doch als die Nadel kam, wurde ihm plötzlich klar, dass er mehr Angst davor hatte als vor der Krankheit selbst.

Wahrheit: **„Du hast die Spritze bekommen – und mehr Angst als je zuvor. Vielleicht solltest du einfach akzeptieren, dass Leben auch Angst bedeutet."**

Kurzgeschichte 112: „Die Website und das endgültige Scheitern"

Warum der Versuch, etwas Großes zu schaffen, uns überfordert.

Ein Mann baute eine Website für sein Unternehmen, dachte, es würde ihm helfen, endlich durchzustarten. Doch nach Monaten der Arbeit hatte er keine Besucher und kein Feedback.

Wahrheit: **„Du hast eine Website gebaut – und niemand interessiert sich dafür. Vielleicht solltest du einfach mal etwas anderes machen."**

Kurzgeschichte 113: „Die Ratgeber und die Unfähigkeit zu leben"

Warum der Versuch, alles richtig zu machen, uns unlebendig macht.

Ein Mann las so viele Ratgeber, dass er vergessen hatte, wie man das Leben einfach lebt.

Wahrheit: **„Du hast alles richtig gemacht – und das Leben verpasst. Vielleicht solltest du einfach aufhören zu lesen und anfangen zu leben."**

Kurzgeschichte 114: „Das Geld und der endlose Kreis"

Warum der Versuch, sich finanziell abzusichern, oft die größte Last ist.

Ein Mann sparte jeden Cent, um sich später ein „besseres Leben" zu ermöglichen. Doch als er es endlich konnte, stellte er fest, dass er nie wirklich „lebte".

Wahrheit: „Du hast gespart – und das Leben verschwendet. Vielleicht solltest du einfach anfangen zu leben, statt immer zu sparen."

Kurzgeschichte 115: „Das Tagebuch und das Wunschdenken"

Warum der Versuch, alles festzuhalten, oft nur mehr Verwirrung stiftet.

Ein Mann führte ein Tagebuch, um sein Leben festzuhalten. Doch irgendwann fand er, dass es keine „richtige" Geschichte mehr hatte und alles zu einem wirren Chaos von Gedanken und Wünschen wurde.

Wahrheit: „Du hast alles aufgeschrieben – und trotzdem das Gefühl, nichts erreicht zu haben. Vielleicht solltest du einfach anfangen, das Leben zu leben und nicht nur darüber nachzudenken."

Kurzgeschichte 116: „Der Marathon und das unerreichbare Ziel"

Warum der Versuch, immer schneller zu laufen, uns nur erschöpft.

Ein Mann, nennen wir ihn Jens, hatte sich in den Kopf gesetzt, einen Marathon zu laufen. Er hatte alles durchgeplant: Trainingsplan, Ernährungsumstellung, sogar neue Laufschuhe gekauft. „Diesmal mache ich es richtig", dachte er, als er sich für den großen Tag bereit machte. Er stellte sich vor, wie er die Ziellinie überschritt und die Menge ihm zujubelte.

Der Tag des Marathons kam und Jens rannte. Er lief schneller, als er jemals zuvor gelaufen war, das Ziel vor Augen. Doch je weiter er kam, desto mehr spürte er die Erschöpfung. Die Beine brannten, der Atem wurde flach, und der Schmerz in seinem Kopf wuchs. Und das Ziel? Es rückte immer weiter weg.

Nach 35 Kilometern dachte er, er würde es nicht mehr schaffen. Doch dann sah er die Ziellinie – zumindest dachte er, sie zu sehen. Ein weiterer Kilometer verging, und die Linie schien wieder ein Stück weiter zu rücken. Als er endlich im Zielbereich ankam, war es bereits dunkel, und niemand wartete mehr. Die Zelte waren zusammengepackt, und der Marathon war längst vorbei.

Wahrheit: **„Du hast den Marathon gelaufen – und das Ziel nie erreicht. Vielleicht solltest du einfach die Strecke** genießen und nicht nur nach dem Ziel streben. Aber was weiß ich, vielleicht ist das auch nur wieder eine Ausrede für dich."

Kurzgeschichte 117: „Die Steuererklärung und der unendliche Alptraum"

Warum der Versuch, alles korrekt zu machen, uns nur in den Wahnsinn treibt.

Max hatte alles richtig gemacht, oder zumindest dachte er das. Das ganze Jahr hatte er seine Quittungen aufbewahrt, seine Belege gesammelt und am Ende des Jahres alles fein säuberlich sortiert. Jetzt war es Zeit für die Steuererklärung. Max setzte sich an den Tisch, den Laptop auf und öffnete das Steuerprogramm.

Stunde um Stunde verbrachte er damit, Kästchen auszufüllen, Zeilen abzugleichen und die Zahlen zu berechnen. Zwischendurch dachte er, dass er es diesmal wirklich geschafft hatte – dass die Steuererklärung endlich korrekt ausgefüllt war. Doch dann kam der große Moment: „Jetzt noch die Prüfung", dachte er, und drückte auf „Abschicken".

Kaum hatte er das getan, kam die Nachricht: „Ihre Steuererklärung weist Unstimmigkeiten auf." Max starrte auf den Bildschirm. Er hatte wirklich alles getan – und es war nicht genug. Am nächsten Tag bekam er eine Nachforderung, da ein Punkt auf der Steuererklärung „nicht richtig ausgefüllt" war. Er konnte sich nicht erinnern, was er falsch gemacht hatte, aber es war ein Fehler, den er nie bemerkt hatte.

Wahrheit: „Du hast alles richtig gemacht – und trotzdem nicht gewonnen. Vielleicht solltest du einfach akzeptieren, dass Fehler menschlich sind. Aber hey, wer braucht schon die Steuern, wenn er den Rest des Lebens eh nicht im Griff hat?"

Kurzgeschichte 118: „Der Online-Kurs und das nie erreichbare Wissen"

Warum der Versuch, sich ständig weiterzubilden, uns nicht wirklich weiterbringt.

Tom hatte eine Reihe von Online-Kursen gekauft – zum Thema Produktivität, Kommunikation, und nicht zu vergessen, „wie man der beste Version seiner selbst wird". Jeden Abend setzte er sich hin und nahm sich die Zeit, um sich die Stunden an Videos anzusehen und in den Kursen mitzuschreiben.

Jeder Kurs begann vielversprechend. „Heute werde ich mein Leben verändern", dachte er jedes Mal, wenn er einen neuen Kurs startete. Doch nach einer Woche des intensiven Lernens kam die Realität. Keiner dieser Kurse hatte wirklich etwas

Neues zu bieten. Jeder neue Kurs baute nur auf dem vorherigen auf und er fand sich immer tiefer in einer Spirale von Versprechungen und leeren Theorien wieder. Am Ende des Jahres hatte er nicht nur fünfzig Stunden Online-Kurs-Material hinter sich, sondern war immer noch der gleiche Tom – der nie den ersten Schritt in die Praxis gesetzt hatte.

Anstatt die neu erlernten Fähigkeiten anzuwenden, dachte er darüber nach, was er noch lernen könnte, um sich zu verbessern. Der Kreis schloss sich.

Wahrheit: „Du hast gelernt – und doch nichts gewusst. Vielleicht solltest du lieber mal handeln, statt ständig zu lernen. Aber hey, es ist doch viel leichter, weiter zu lernen, als wirklich etwas zu tun, oder?"

Kurzgeschichte 119: „Das diätische Desaster"
Warum der Versuch, sich gesund zu ernähren, uns in den Wahnsinn treibt.

Anna hatte alles getan, was man ihr empfohlen hatte. Sie hatte alle ungesunden Lebensmittel aus ihrem Haus verbannt, jedes Gramm Zucker vermieden und ihre Mahlzeiten nach den neuesten Ernährungstrends zusammengestellt. Jeden Morgen prüfte sie ihren Kalorienverbrauch und zählte akribisch ihre Makronährstoffe. „Das ist der Weg, wie ich mein Leben verändern werde", dachte sie stolz, als sie auf die Waage trat. Der Erfolg schien greifbar.

Doch es kam der Moment, als sie im Supermarkt an einem Schokoladenregal vorbeiging. Ihre Gedanken begannen zu rasen: „Ein Stück Schokolade ist doch nicht so schlimm. Ein kleines Stück, das ist ok, oder?" Sie griff zu und nahm einen Bissen. Und dann noch einen. Und noch einen. Eine Stunde später fand sie sich mit fast einer ganzen Tafel Schokolade auf dem Sofa wieder, während sie sich selbst hasste.

Am nächsten Morgen stand sie auf, schaute in den Spiegel und dachte sich: „Vielleicht sind diese Diäten einfach nichts für mich."

Wahrheit: „Du hast dich gesund ernährt – und dir eine ganze Tafel Schokolade reingezogen. Vielleicht solltest du einfach aufhören, dir so viele Regeln zu machen. Manchmal ist ein Stück Schokolade das Einzige, das wirklich zählt."

Kurzgeschichte 120: „Das perfekte Selfie"

Warum der Versuch, perfekt zu sein, uns nur noch unsicherer macht.

Lisa wollte das perfekte Selfie machen. Sie hatte das Licht genau richtig eingestellt, den Winkel optimiert und jedes Detail ihrer Frisur kontrolliert. Der Filter war perfekt, das Lächeln einstudiert. Doch als sie das Foto betrachtete, war sie enttäuscht. Ihr Gesicht sah nicht so aus wie das der Influencer, die sie immer bewunderte.

„Vielleicht muss ich noch einen Filter mehr benutzen", dachte sie. Aber auch dann war es nicht genug. Noch ein Filter. Noch eine Anpassung. Schließlich verbrachte sie Stunden mit der Bearbeitung, bis das Bild fast unkenntlich war – und trotzdem nicht „perfekt".

Sie hatte alles getan, um perfekt zu erscheinen – und doch war es nie genug.

Wahrheit: „Du hast das perfekte Selfie gemacht – und niemand hat es bemerkt. Vielleicht solltest du einfach aufhören, nach Perfektion zu suchen, und einfach du selbst sein. Aber wer bin ich, um zu sagen, was ‚selbst' bedeutet?"

Kurzgeschichte 121: „Der perfekte Plan und der grandiose Fehlschlag"

Warum die besten Pläne oft in einem totalen Desaster enden.

Stefan war ein Mann, der in seiner Freizeit immer das perfekte System entwarf. Ob es um die Organisation seines Arbeitsplatzes ging oder darum, wie er seine Freizeit optimal nutzen konnte – er hatte alles durchgeplant. „Heute wird der Tag super effizient", dachte er, als er seinen Plan aufschrieb: Morgen 8-9 Uhr – Joggen. 9-10 Uhr – Frühstück. 10-12 Uhr – Arbeit am Projekt.

Doch als der Tag begann, fiel alles auseinander. Beim Joggen stolperte er über seine eigenen Füße und landete unsanft im Gras. Zum Frühstück gab es nur Müsli, weil er die Eier vergessen hatte. Und das Projekt? Die erste Stunde verschwendete er mit einem technischen Problem, das er nie für möglich gehalten hatte.

Doch anstatt sich zu ärgern, dachte Stefan: „Warum sich überhaupt stressen?" Er aß schließlich ein weiteres Müsli, setzte sich wieder an den Computer und drückte „Speichern" auf das halbfertige Projekt. „Vielleicht ist das der wahre Erfolg – der perfekte Fehlschlag."

Wahrheit: „Du hast den perfekten Plan gehabt – und alles vergeigt. Aber ehrlich gesagt, der Fehlschlag war viel lustiger als der Plan. Vielleicht solltest du öfter einfach drauf los leben."

Kurzgeschichte 122: „Der Einkaufswahnsinn"
Warum Einkaufslisten eigentlich der größte Witz der Geschichte sind.

Claudia hatte ihre Einkaufsliste vorbereitet – ganz ordentlich, alles sortiert nach Kategorien wie „Gemüse", „Milchprodukte" und „Snacks". Sie wollte heute so schnell wie möglich durch den Supermarkt gehen, ohne sich ablenken zu lassen. „Alles in Ordnung", dachte sie, als sie den Einkaufswagen füllte und die ersten paar Dinge abhakten.

Aber dann kam der Moment: Der Schokoladenregal. Natürlich stand sie da für fünf Minuten, starrte auf die glänzenden Verpackungen und dachte: „Was wäre das Leben ohne Schokolade?" Sie schob ein paar Tafeln in den Wagen. Später, als sie bei den Getränken ankam, entschloss sie sich, gleich drei Flaschen Limonade zu nehmen, weil die „so gut schmeckte". Das nächste Regalfach? Chips.

Am Ende hatte sie drei Mal mehr eingekauft als ursprünglich geplant und entdeckte, dass die Einkaufsliste völlig irrelevant war. Der Plan war längst verloren.

Wahrheit: „Du hast deine Einkaufsliste abgearbeitet – und trotzdem ist der Einkaufswagen voll von Sachen, die nicht drauf standen. Aber hey, wer braucht schon Pläne, wenn es auch so viel mehr Spaß macht?"

Kurzgeschichte 123: „Das One-Night-Stand-Drama"

Warum der Versuch, ohne Verpflichtungen Spaß zu haben, nur noch mehr Chaos anrichtet.

Markus wollte es ausprobieren – einen One-Night-Stand ohne Verpflichtungen. „Kein Herzschmerz, keine Verantwortung", dachte er. „Einfach Spaß haben." Und so traf er sich mit Anna, einer Bekannten von einer Party, und alles schien großartig. Sie verbrachten eine Nacht miteinander, und Markus fühlte sich frei und ungebunden.

Am nächsten Morgen sah er sie schlafend in seinem Bett liegen und dachte sich: „Das war's, keine Verpflichtung, kein Drama." Doch als Anna aufwachte, schaute sie ihm mit diesen erwartungsvollen Augen an und sagte: „Wann sehen wir uns wieder?"

Markus starrte sie an. „Wann… was? Ich dachte, das war... nur für heute?"

Anna nickte. „Natürlich. Aber für einen nächsten Abend wäre es schön, auch einen Plan zu haben."

Wahrheit: „Du wolltest keine Verpflichtungen – und jetzt sitzt du mit einem zweiten Date im Kopf. Vielleicht hättest du einfach eine Netflix-Serie anstelle eines One-Night-Stands starten sollen."

Kurzgeschichte 124: „Die ultimative Diät und der innere Schweinehund"

Warum wir den Diätenwahn einfach nicht entkommen können.

Sabrina war es leid, ständig an Diäten zu scheitern. Doch diesmal hatte sie einen „ganz anderen" Plan. Keine schnellen Lösungen mehr, sie würde es „langsam und nachhaltig" angehen. Sie durchforstete Blogs, besuchte YouTube-Kanäle und las Bücher über gesunde Ernährung. „Ich werde mein Leben ändern", schwor sie sich.

Sie kochte sich morgens Haferbrei, hatte zum Mittag frischen Salat und wählte abends „light" Gerichte. Doch dann kam der Moment: Sie stand vor dem Kühlschrank, und vor ihr lag der halbe Rest einer Pizza. Die „schnelle" Mahlzeit, die sie noch nie ganz fertig gegessen hatte. Ihr innerer Schweinehund meldete sich: „Ach komm, nur dieses eine Mal." Und dann aß sie den Rest.

Wahrheit: „Du hast diätet – und eine Pizza gefressen. Vielleicht ist es an der Zeit, einfach zu akzeptieren, dass der Schweinehund nie geht, er ist einfach zu gut darin, dich zu überreden."

Kurzgeschichte 125: „Die unendliche To-Do-Liste"
Warum es uns nie reicht, eine Sache abzuhaken.

Lena saß an ihrem Schreibtisch und starrte auf ihre To-Do-Liste. Die Liste war lang, und sie wusste, dass sie eigentlich nie fertig sein würde. Doch sie nahm sich vor, den Tag produktiv zu gestalten. Punkt für Punkt arbeitete sie ab, hackte Dinge ab und fühlte sich gut. Doch jedes Mal, wenn sie etwas erledigte, fügte sie gleichzeitig etwas Neues hinzu.

Mittags fragte sie sich: „Was habe ich heute wirklich erreicht?" Sie sah auf ihre Liste – mehr Sachen waren hinzugekommen als abgehakt. Sie hatte nicht einmal Zeit für die Dinge, die ihr wirklich wichtig waren.

Wahrheit: **„Du hast die Liste abgearbeitet – und doch ist sie immer noch da, als ob du nie angefangen hättest. Vielleicht solltest du einfach mal aufhören, Listen zu machen, es macht den Tag nur unnötig kompliziert."**

Kurzgeschichte 126: „Das Business-Meeting und die Verzweiflung"

Warum die besten Ideen oft auf den schlechtesten Meetings entstehen.

Michael war auf dem Weg zu einem Business-Meeting, das „sehr wichtig" war. Er hatte seine Präsentation vorbereitet, jede Folie war durchdacht, jedes Argument war klar und strukturiert. Er war überzeugt, dass dieses Meeting alles ändern würde. Als er den Raum betrat, stellte er jedoch fest, dass die Leute auf ihren Handys starrten, in ihren Notizen blätterten und scheinbar alles andere taten, nur nicht zuhören.

Während er sprach, bemerkte er, dass niemand wirklich interessiert war. Die Kollegen nickten ab und zu, aber es war offensichtlich, dass niemand wirklich zuhörte. Schließlich brach er die Präsentation ab und dachte sich: „Vielleicht rede ich einfach jetzt und hier, dann bin ich wenigstens ehrlich."

Wahrheit: **„Du hast das Meeting gehalten – und niemand hat zugehört. Vielleicht solltest du beim nächsten Mal einfach eine PowerPoint über Katzenbilder machen, das würde mehr Interesse wecken."**

Kurzgeschichte 127: „Der Fake-Urlaub"

Warum wir uns den perfekten Urlaub nur einbilden.

Laura hatte keine Zeit für einen echten Urlaub, also entschied sie sich, virtuell in den Urlaub zu fahren. Sie buchte ein wunderschönes Hotel, stellte sich tropische Strände vor und scrollte durch Reiseberichte. Ihr Laptop und das Bett waren der Strand, und sie verbrachte den ganzen Tag damit, „Urlaub" zu machen – am Schreibtisch, mit dem Handy in der Hand.

Am Ende des „Urlaubs" fragte sie sich, ob sie wirklich erholt war. Sie hatte nicht einmal den Schreibtisch aufgeräumt, und die Sonne kam nicht einmal durch die Jalousien.

Wahrheit: „Du hast Urlaub gemacht – und trotzdem nichts erlebt. Vielleicht solltest du beim nächsten Mal einfach in den Park gehen und so tun, als wärst du im Urlaub. Das wäre genauso erfrischend."

Kurzgeschichte 128: „Die Superhelden-Maske und das wahre Leben"

Warum wir uns alle für mehr halten, als wir sind.

Tim hatte sich vorgenommen, seine Superhelden-Maske zu tragen – wenigstens im Geiste. In seinem Kopf war er der unbesiegbare, immer produktive Mensch, der im Büro alles im Griff hatte und zu Hause der perfekte Partner war. Doch als er die Maske anlegte, merkte er, dass er nicht der Superheld war, den er sich vorstellte.

Er stolperte durch das Meeting, vergass einen Termin und versuchte dann, sich im Superhelden-Modus zu retten. Doch es war nur peinlich, als er seine Maske abnahm und zugeben musste, dass er kein Superheld war – und das war okay.

Wahrheit: „Du hast die Maske getragen – und das Leben trotzdem verfehlt. Vielleicht ist es besser, einfach Mensch zu sein, als zu tun, als wärst du mehr."

Kurzgeschichte 129: „Der selbstgemachte Erfolg und der stille Rückzug"
Warum wir oft in unserer eigenen Erfolgsgeschichte gefangen sind.

Sandra wollte unbedingt erfolgreich sein – in allem, was sie tat. Sie baute ihre eigene kleine Firma auf, arbeitete Tag und Nacht, und als sie es schaffte, ihre Ziele zu erreichen, wollte sie feiern. Doch irgendetwas fehlte. Die große Feier kam nie, der Erfolg fühlte sich leer an.

Sie erkannte, dass sie nie den Moment genossen hatte, sondern immer nur dem Ziel hinterhergerannt war. Und während sie sich fragte, warum sie sich nie wirklich gut fühlte, hörte sie plötzlich auf, weiter zu hetzen. Der Rückzug war der wahre Erfolg.

Wahrheit: „Du hast Erfolg – und trotzdem fühlt sich alles leer an. Vielleicht war der wahre Erfolg nicht das Erreichen, sondern das Innehalten."

Kurzgeschichte 130: „Der magische Moment und die verlorene Zeit"

Warum es die unbedeutendsten Momente sind, die uns am meisten prägen.

Es war ein ganz gewöhnlicher Tag, als Anna das Gefühl hatte, etwas zu verpassen. Sie saß am Fenster, blickte auf die Straße und war verloren in ihren Gedanken. Sie dachte über all die Dinge nach, die sie noch tun wollte. Doch dann, während sie da saß, überkam sie plötzlich eine Welle der Dankbarkeit. Für den Moment, für ihre Familie, für die Sonne, die durch das Fenster schien.

Und sie erkannte, dass dieser kleine Augenblick – ohne Planung und ohne Ziel – der magische Moment war, den sie gesucht hatte.

Wahrheit: „Du hast den magischen Moment nicht geplant – und er kam trotzdem. Vielleicht ist es die Zeit, die wir nicht einteilen, die uns wirklich erfüllt."

Kurzgeschichte 131: „Das Scheitern der Supermama"

Warum wir alle von der Vorstellung scheitern, die perfekte Mutter zu sein.

Anna hatte sich immer vorgenommen, die perfekte Mutter zu sein. Sie wollte ihre Kinder in eine Welt voller Liebe und Geborgenheit führen, in der sie nie etwas vermissen würden. Die ersten Jahre schaffte sie es, den ganzen Tag über zu lächeln, Geduld zu haben und ihre Kinder zu umsorgen. Doch irgendwann begann die Fassade zu bröckeln. Die ständige Erschöpfung, das Chaos in der Wohnung, die Streitereien zwischen den Kindern – es war einfach zu viel.

Eines Abends, als sie von einem langen Tag nach Hause kam und ihre Kinder sich wieder einmal stritten, fiel sie auf die Couch und brach in Tränen aus. „Ich kann nicht mehr", murmelte sie. „Ich bin keine Supermama."

Wahrheit: „Du wolltest die perfekte Mutter sein – und scheiterst immer wieder. Aber vielleicht bist du als Mutter genau dann am besten, wenn du nicht perfekt bist, sondern einfach nur menschlich."

Kurzgeschichte 132: „Die Hoffnung und der Abgrund"

Warum Hoffnung oft nur der erste Schritt in den Abgrund ist.

Markus hatte es nie leicht gehabt. Der Job war stressig, die Beziehung stagnierte, und er fühlte sich jeden Tag leerer. Aber er klammerte sich an einen letzten Hoffnungsschimmer: Ein neuer Job, ein neuer Ort, ein neuer Anfang. Er erzählte sich selbst, dass alles besser werden würde, wenn er nur den Mut fand, einen Schritt zu wagen.

Er kündigte, packte seine Sachen und zog um. Doch der neue Job war nicht, was er sich erhofft hatte, und die Einsamkeit schlich sich noch stärker in sein Leben. Der Umzug brachte nichts, was er erhofft hatte. Er hatte sich der Hoffnung hingegeben, doch nun war er nur noch tiefer im Abgrund.

Wahrheit: „**Du hast gehofft, und am Ende bist du noch tiefer gefallen. Vielleicht ist Hoffnung nicht der Weg nach oben, sondern nur der Versuch, der Leere etwas entgegenzusetzen.**"

Kurzgeschichte 133: „Das Neuanfangs-Dilemma"

Warum Neuanfänge oft der Tod der alten Träume sind.

Sophie beschloss, einen Neuanfang zu wagen. Sie war es leid, immer wieder dasselbe zu tun, immer dieselben Fehler zu machen. Sie wollte ein anderes Leben, ein besseres Leben. Sie kündigte ihren Job, zog in eine neue Stadt und suchte nach neuen Zielen. Doch mit jedem Schritt, den sie machte, bemerkte sie, dass sie das Alte nie ganz losließ. Die alten Wünsche, die ungelösten Konflikte, der ständige Drang nach „mehr" – sie verschwanden einfach nicht.

Sophie fand schnell heraus, dass sie zwar das Äußere geändert hatte, aber nicht die inneren Konflikte. Der Neuanfang war nur ein Versuch, vor den alten Geistern zu fliehen.

Wahrheit: **„Du hast einen Neuanfang gemacht – und der hat dir nichts gebracht. Vielleicht ist der wahre Neuanfang nicht der äußere Wandel, sondern der innere."**

Kurzgeschichte 134: „Das perfekte Bild und die zerbrochene Illusion"

Warum wir uns selbst die schlimmsten Lügen erzählen.

Oliver hatte das perfekte Leben. Auf Instagram zeigte er das Bild eines erfolgreichen Geschäftsführers, der in teuren Restaurants speiste und in luxuriösen Autos fuhr. Doch in

Wahrheit war er verschuldet, von der Arbeit ausgebrannt und hatte keine echten Freunde. Aber das Bild, das er nach außen projizierte, hielt ihn am Leben. Er glaubte irgendwann selbst, dass das Bild seine Realität war.

Doch eines Abends, als er wieder vor dem Spiegel stand und sich betrachtete, kam ihm der Gedanke: „Ich habe mein Leben auf eine Lüge aufgebaut."

Wahrheit: „Du hast dir das perfekte Bild erschaffen – und bist trotzdem leer. Vielleicht ist das größte Problem nicht, was du anderen zeigst, sondern was du dir selbst vormachst."

Kurzgeschichte 135: „Das Selbstbetrug-Phantom"
Warum wir uns selbst mehr schaden als jedem anderen.

Eva hatte immer davon geträumt, die Welt zu verändern. Doch je älter sie wurde, desto mehr erkannte sie, dass sie sich selbst nur in der Opferrolle gefangen hielt. „Ich kann das nicht", „Es ist zu spät für mich", „Andere sind besser" – all diese Gedanken spukten in ihrem Kopf. Sie dachte immer, das Leben würde sich irgendwann ändern, aber sie selbst tat nie etwas dafür.

Sie war die meiste Zeit in der Rolle der Beobachterin geblieben und hatte sich selbst in dieser Geschichte immer als die Unsichtbare gesehen. Der Gedanke, dass sie etwas ändern könnte, schien ihr utopisch. Doch irgendwann, als sie auf ihren leeren Kalender starrte, erkannte sie: „Ich habe mich immer selbst betrogen."

Wahrheit: **„Du hast dich selbst betrogen – und jetzt bist du die einzige, die das merkt. Vielleicht ist es an der Zeit, endlich zu handeln, bevor du in deinem Selbstbetrug versinkst."**

Kurzgeschichte 136: „Der Weg der falschen Entscheidungen"

Warum jede Entscheidung ein weiterer Schritt in den falschen Weg sein kann.

Lukas war ein Mann, der immer glaubte, Entscheidungen wären der Schlüssel zu einem besseren Leben. Doch er machte einen Fehler nach dem anderen: der falsche Job, die falsche Beziehung, der falsche Freundeskreis. Er hatte immer geglaubt, dass er „nur die richtige Entscheidung treffen musste", aber jedes Mal, wenn er eine traf, stellte sich heraus, dass sie falsch war.

Eines Tages setzte er sich hin und dachte nach. „Ich habe mein Leben mit falschen Entscheidungen gefüllt." Aber anstatt sich zu ändern, entschloss er sich, weiterzumachen. „Vielleicht ist es auch okay, wenn ich nie richtig bin."

Wahrheit: „Du hast dich ständig für den falschen Weg entschieden – und bist trotzdem weitergegangen. Vielleicht ist das Leben nicht über richtige Entscheidungen, sondern über das Akzeptieren der falschen."

Kurzgeschichte 137: „Das gescheiterte Projekt und der unvermeidliche Crash"
Warum der Versuch, das Unmögliche zu erreichen, immer zum Absturz führt.

Nina hatte ihr ganzes Leben einem Projekt gewidmet. Sie wollte die Welt verändern, wollte etwas schaffen, das über sie hinausging. Sie arbeitete Tag und Nacht, war besessen von ihrem Ziel und ignorierte alles andere – Freunde, Familie, ihre eigene Gesundheit. „Es muss jetzt klappen", sagte sie sich immer wieder.

Doch als das Projekt endlich an den Punkt kam, an dem es starten sollte, stieß es auf die erste Wand. Es war nicht genug Geld, nicht genug Interesse, nicht genug Zeit. Der Crash war unvermeidlich.

Wahrheit: „Du hast dein Leben auf ein gescheitertes Projekt gebaut – und jetzt ist alles weg. Vielleicht wäre es besser gewesen, einfach das Projekt loszulassen, anstatt sich in den Crash zu stürzen."

Kurzgeschichte 138: „Der verzweifelte Versuch, Liebe zu kaufen"

Warum Liebe nicht in Geld oder Geschenken zu finden ist.

Carla hatte immer geglaubt, dass sie durch Geld und Geschenke Liebe kaufen könnte. Sie lud ihren Freund immer wieder zu teuren Abendessen ein, kaufte ihm das beste Geschenk, das sie finden konnte. Aber je mehr sie ihm gab, desto mehr schien er sich zu entfernen.

Eines Abends, als sie ihm wieder etwas überreichen wollte, blickte sie ihm in die Augen und fragte sich: „Warum ist es nie genug?" Sie hatte nie die Antwort, aber sie wusste, dass sie den Fehler begangen hatte, zu glauben, dass Liebe käuflich war.

Wahrheit: „Du hast versucht, Liebe zu kaufen – und am Ende hast du dich nur selbst leer gekauft. Vielleicht ist die wahre Liebe nicht das, was du gibst, sondern was du empfängst."

Kurzgeschichte 139: „Die Maskerade der Erfüllung"

Warum wir oft in der Vorstellung leben, dass wir etwas sein müssen, um wertvoll zu sein.

David hatte immer das Gefühl, er müsse etwas ganz Großes erreichen, um wirklich etwas zu bedeuten. Er sah sich selbst als den Unternehmer, der die Welt verändern würde, den Charismatiker, den jeder bewundern würde. Doch hinter der Fassade war er einsam und verloren, kämpfte mit Zweifeln und Unsicherheit.

Er dachte, er müsse jemand anderes sein, um wahrgenommen zu werden. Doch als er eines Abends nach Hause kam und sich in den Spiegel sah, erkannte er, dass er die Maske nicht länger tragen konnte.

Wahrheit: „Du hast dich hinter einer Maske versteckt – und das Leben ist trotzdem an dir vorbeigezogen. Vielleicht ist es Zeit, du selbst zu sein, ohne der Erwartungen anderer."

Kurzgeschichte 140: „Das Labyrinth der Zeit"

Warum Zeit nie die Antwort auf alles ist.

Julia versuchte immer, Zeit für alles zu finden. Sie schuf sich Kalender, setzte Termine und hielt alles fest, als ob sie die Kontrolle über jede Sekunde des Tages hätte. Doch je mehr sie versuchte, die Zeit zu kontrollieren, desto mehr entglitt sie ihr.

Sie verpasste Momente, sie kämpfte mit der Uhr – und doch hatte sie am Ende nie genug Zeit für das, was wirklich zählte.

Wahrheit: „Du hast versucht, die Zeit zu kontrollieren – und sie ist dir trotzdem entglitten. Vielleicht ist es nicht die Zeit, die du kontrollieren musst, sondern die Art, wie du sie lebst."

Kurzgeschichte 141: „Der Schatten des Erfolgs"

Warum Erfolg oft der Anfang des Untergangs ist.

Erik hatte alles erreicht, was er sich je erträumt hatte. Er war erfolgreich, hatte das perfekte Haus, das perfekte Auto, das perfekte Leben. Doch als er eines Abends in seinem Büro saß, blickte er auf seine Liste der Erfolge und fragte sich: „Warum fühlt es sich leer an?" Der Erfolg hatte ihn ausgebrannt, er war einsam und völlig entleert von allem, was ihn einst motiviert hatte.

Er blickte auf sein Leben und erkannte, dass der wahre Schatten nicht in den Misserfolgen, sondern im Erfolg selbst lag.

Wahrheit: „Du hast Erfolg gehabt – und trotzdem fühlst du dich leer. Vielleicht ist der wahre Schatten des Erfolgs nicht der Mangel, sondern die Erfüllung, die du dir immer erhofftest."

Kurzgeschichte 142: „Der faule Plan"

Warum der beste Plan oft der ist, der nie funktioniert.

Stefan hatte das Gefühl, dass ihm immer etwas entglitt. In seiner Arbeit war er oft zu spät, in seinen Beziehungen war er häufig unzuverlässig. Er hatte nie einen richtigen Plan, aber das hielt ihn nicht davon ab, ständig darüber nachzudenken, wie er das alles irgendwann besser machen könnte. An einem besonders frustrierenden Abend entschloss er sich, ein radikal anderes Leben zu führen. „Ich mache jetzt einen Plan", sagte er sich. Und er verbrachte Stunden damit, alles zu durchdenken: den perfekten Job, den perfekten Zeitplan, die perfekte Lebensweise.

Doch als er am nächsten Tag aufwachte und versuchte, dem Plan zu folgen, stellte er schnell fest, dass der ganze Plan eine riesige Lüge war. Es war nichts als ein weiterer Versuch, sich selbst zu täuschen.

Wahrheit: **„Du hast dir einen Plan gemacht – und er war von Anfang an zum Scheitern verurteilt. Vielleicht liegt der wahre Erfolg nicht in der Planung, sondern im Akzeptieren, dass nicht alles nach Plan läuft."**

Kurzgeschichte 143: „Das Kompliment des Lebens"

Warum Komplimente nicht immer die Antwort sind.

In der Mittagspause setzte sich Mia mit ihren Kollegen zum Mittagessen. Sie war bekannt dafür, immer gut gelaunt und hilfsbereit zu sein. Doch heute fühlte sie sich ausgelaugt, frustriert und leer. Als ihr ein Kollege ein unverhofftes Kompliment machte, hörte sie es, nickte aber nur. Er sagte: „Du bist wirklich die positivste Person hier." Es war nett, aber nichts, was sie wirklich hören wollte. Es fühlte sich leer an, als würde er einfach etwas sagen, um die Stille zu füllen.

Mia dachte über das Kompliment nach und fragte sich, warum ihr diese Worte jetzt so wenig bedeuteten. War es wirklich so wichtig, was andere dachten, wenn sie selbst keinen Sinn mehr darin sah?

Wahrheit: „Du hast dir ein Kompliment anhören müssen – und es hat dich nicht erfüllt. Vielleicht hast du einfach vergessen, wie es ist, sich selbst wirklich wichtig zu nehmen, statt auf die Bestätigung von anderen zu warten."

Kurzgeschichte 144: „Das Ende der Perfektion"

Warum Perfektion niemals der richtige Weg ist.

David war ein Perfektionist. Alles musste perfekt sein – der Job, die Beziehungen, das Haus, die Kleidung. Er verbrachte Stunden damit, alles bis ins kleinste Detail zu kontrollieren. Doch das führte zu nichts. Jeden Tag fühlte er sich ausgelaugt und frustriert. Trotz all seiner Anstrengungen hatte er das Gefühl, dass er nie genug tun konnte, dass nie etwas perfekt genug war. Eines Morgens, als er in den Spiegel blickte und eine neue graue Strähne entdeckte, begann er zu lachen. Das Lachen kam aus tiefster Seele, aus einer Mischung aus Verzweiflung und Erleichterung.

„Was für ein Witz", sagte er, „Perfektion? Was hat mir das gebracht?" In diesem Moment wusste er, dass er aufhörte, nach Perfektion zu streben.

Wahrheit: „Du hast jahrelang versucht, perfekt zu sein – und du bist leer geblieben. Vielleicht ist das Streben nach Perfektion nichts anderes als eine endlose Flucht vor dem, was wirklich zählt."

Kurzgeschichte 145: „Das Verlangen nach mehr"

Warum das Streben nach „mehr" uns niemals zufriedenstellt.

Clara hatte alles, was sie sich je gewünscht hatte: einen guten Job, eine schöne Wohnung, tolle Freunde. Aber sie war nicht glücklich. Es fühlte sich an, als ob immer etwas fehlte. In jeder freien Minute dachte sie an das nächste Ziel: mehr Geld, mehr Anerkennung, mehr Spaß. Sie ging in teure Restaurants, kaufte teure Kleidung und reiste zu exotischen Zielen, doch immer war da das nagende Gefühl, dass es einfach nicht genug war.

Eines Abends saß sie in ihrem schicken Apartment, starrte aus dem Fenster auf die Stadt und fragte sich: „Wann reicht es endlich? Wann werde ich genug haben?" Sie wusste, dass sie nicht nur Dinge brauchte, sondern etwas anderes – etwas, das der Konsum nicht bieten konnte.

Wahrheit: „Du hast immer nach mehr gestrebt – und es hat nie gereicht. Vielleicht liegt das Problem nicht in dem, was du bekommst, sondern in dem, was du von dir selbst erwartest."

Kurzgeschichte 146: „Das Leben der Anderen"

Warum wir uns ständig mit anderen vergleichen und uns dabei verlieren.

Lena scrollte durch ihre Social-Media-Feeds. Überall sah sie glückliche Menschen mit aufregenden Leben: Sie reisten, gingen auf Partys, feierten jeden Tag neue Erfolge. Sie fühlte sich immer schlechter, je mehr sie sah. Warum hatte sie nicht das gleiche Leben? Warum war ihr Leben so gewöhnlich, so langweilig? Sie sehnte sich nach dem, was die anderen hatten, doch als sie aufhörte zu scrollen und in ihr eigenes Leben zurückkehrte, fühlte sie sich plötzlich noch leerer.

Sie hatte sich selbst in den Vergleich mit anderen verloren und dabei das Wesentliche aus den Augen verloren: ihr eigenes Leben.

Wahrheit: **„Du hast dich mit anderen verglichen – und dich dabei selbst verloren. Vielleicht ist es an der Zeit, aufzuhören, das Leben der anderen zu leben und wieder dein eigenes zu finden."**

Kurzgeschichte 147: „Die Lügen der Zukunft"

Warum die Vorstellung von einer besseren Zukunft uns nur in der Gegenwart gefangen hält.

Felix hatte immer von einer besseren Zukunft geträumt. Irgendwann würde alles gut werden. Irgendwann würde er den Job bekommen, den er wollte, die Frau finden, die er sich erträumt hatte. Er stellte sich vor, wie er eines Tages in der Sonne sitzt und auf das Leben zurückblickt, das er sich gewünscht hatte. Doch mit jedem Tag verging die Zeit und Felix fand sich immer wieder in der Gegenwart festgefahren. Er hatte nie etwas unternommen, um seine Träume zu verwirklichen, sondern hatte sich nur in der Vorstellung aufgehalten, dass irgendwann alles besser würde.

Wahrheit: **„Du hast immer auf die Zukunft gewartet – und sie ist nie gekommen. Vielleicht ist es nicht die Zukunft, die zählt, sondern die Entscheidungen, die du jetzt triffst."**

Kurzgeschichte 148: „Das unerreichbare Ziel"

Warum wir uns in Zielen verlieren, die nie zu erreichen sind.

Thomas hatte das Ziel, der erfolgreichste Unternehmer in seiner Branche zu werden. Er wollte in den besten Hotels übernachten, mit den reichsten und einflussreichsten Menschen essen und die Welt mit seinen Innovationen verändern. Aber je näher er diesem Ziel kam, desto mehr stellte er fest, dass es nie genug war. Es gab immer ein weiteres Ziel, das ihn weiter antrieb, aber das Gefühl der Erfüllung blieb aus. Immer mehr Erfolg, immer mehr Geld, aber nie das, was er sich erhofft hatte.

Eines Abends, als er vor einem Spiegel stand, wusste er, dass er auf der Jagd nach etwas war, das nie erreichbar war.

Wahrheit: „Du hast ein Ziel verfolgt – und bist nie angekommen. Vielleicht ist das wahre Ziel nicht der Erfolg, sondern die Fähigkeit, im Moment zu leben."

Kurzgeschichte 149: „Der Scherbenhaufen des Lebens"
Warum wir uns nicht von unseren Fehlern befreien können, bis wir sie akzeptieren.

Isabelle hatte viele Fehler gemacht. Sie hatte Freundschaften zerstört, Jobs verloren und viele Gelegenheiten verpasst. Doch sie hatte nie wirklich mit ihren Fehlern abgeschlossen. Sie vergrub sie tief in ihrem Inneren, versuchte, sie zu ignorieren und tat so, als wären sie nicht da. Doch jedes Mal, wenn sie versuchte, etwas Neues zu beginnen, kamen die Fehler wieder an die Oberfläche und erinnerten sie an ihre Vergangenheit.

Eines Tages saß sie in einem Café und blickte auf ihre leere Tasse, als ihr klar wurde, dass sie sich nicht von ihren Fehlern befreien konnte, solange sie nicht akzeptierte, was sie getan hatte.

Wahrheit: „**Du hast deine Fehler ignoriert – und sie sind immer noch da. Vielleicht musst du lernen, mit deinen Fehlern zu leben, anstatt sie zu leugnen.**"

Kurzgeschichte 150: „Die Träume der Jugend"
Warum Jugendträume uns oft in der Realität nur im Stich lassen.

Lisa hatte immer davon geträumt, als Künstlerin berühmt zu werden. Ihre Bilder waren voller Energie, sie stellte sich vor, wie sie in Galerien hing und mit berühmten Menschen in Paris Kaffee trank. Doch Jahre später hatte sie den Pinsel längst beiseitegelegt, ihre Träume waren verblasst und die Realität hatte sie eingeholt. Statt in Galerien zu hängen, arbeitete sie in einem Büro, das sie nicht mochte, und dachte sich immer wieder: „Vielleicht war ich einfach nicht gut genug."

Wahrheit: „**Du hast deinen Traum verfolgt – und er hat dich verlassen. Vielleicht ist das Leben nicht über das Streben nach den Träumen der Jugend, sondern darüber, neue Wege zu finden.**"

Kurzgeschichte 151: „Die Gier nach Bestätigung"

Warum wir uns nach Anerkennung sehnen und sie doch nie genug ist.

Paul war immer der Meinung, dass er nur dann wirklich wichtig war, wenn andere es ihm sagten. Er suchte nach Anerkennung in jedem Schritt, in jeder E-Mail und in jedem Kommentar. Doch je mehr er danach suchte, desto weniger fühlte er sich erfüllt. Als er an einem besonders einsamen Tag vor dem Spiegel stand und sich fragte, warum er sich nie genug fühlte, kam ihm die schmerzhafte Erkenntnis: Es war nicht die Bestätigung, die er suchte – es war die Bestätigung, die er sich selbst verweigerte.

Wahrheit: **„Du hast Bestätigung gesucht – und sie war nie genug. Vielleicht musst du lernen, dir selbst zu genügen."**

Kurzgeschichte 152: „Der Preis der Freiheit"

Warum Freiheit oft der Beginn von etwas völlig anderem ist.

Julia hatte sich immer nach Freiheit gesehnt. Sie wollte aus ihrem langweiligen Leben ausbrechen, weg von der Arbeit, weg von den Verpflichtungen, weg von allem, was sie gefangen hielt. Sie kündigte ihren Job, verkaufte ihre Sachen und zog in ein kleines Dorf, in der Hoffnung, dass diese Freiheit ihr Glück bringen würde. Doch bald merkte sie, dass Freiheit nicht nur ein

Gefühl war, sondern auch Verantwortung und Entscheidungen mit sich brachte, die sie nie bedacht hatte.

Wahrheit: „Du hast nach Freiheit gesucht – und sie hat dich gezeichnet. Vielleicht ist der wahre Preis der Freiheit nicht das Fehlen von Verpflichtungen, sondern die Last, Verantwortung für dich selbst zu übernehmen."

Kurzgeschichte 153: „Die Suche nach dem Sinn"
Warum wir nach Sinn suchen, und trotzdem nie finden, was wir erhoffen.

Martin war auf einer endlosen Reise. Es begann alles, als er feststellte, dass das Leben, das er führten, ihn nicht glücklich machte. Er hatte einen gut bezahlten Job, ein Haus, eine Frau – doch es war nichts, was ihm bedeutete. Jeder Tag fühlte sich wie der andere an. So begann er, nach etwas zu suchen, das ihm den Sinn des Lebens offenbaren sollte. Er las Bücher über Philosophie, machte spirituelle Reisen, redete mit Menschen aus allen Lebensbereichen und versuchte alles, um diesen „Sinn" zu finden.

Doch je mehr er suchte, desto leerer wurde er. Die Bücher gaben ihm Ratschläge, aber keine Antworten. Die Gespräche ließen ihn immer wieder an sich selbst zweifeln. Er begann, die Frage nach dem Sinn zu hassen. Irgendwann, nach Jahren der

Suche, saß er in einem Café und fragte sich, warum er überhaupt so viel Energie aufgewendet hatte, um etwas zu finden, das vielleicht nie existiert hatte.

Wahrheit: „Du hast nach dem Sinn des Lebens gesucht – und bist leer geblieben. Vielleicht ist der Sinn nicht das Finden, sondern das Leben, ohne ihn ständig zu hinterfragen."

Kurzgeschichte 154: „Die Last der Verantwortung"
Warum Verantwortung uns erdrückt, wenn wir sie nicht annehmen.

Sophie hatte immer das Gefühl, dass sie alles alleine machen musste. Sie kümmerte sich um ihre Familie, ihre Freunde, ihren Job – und sie tat alles mit einer erstaunlichen Präzision und Hingabe. Doch irgendwann stellte sie fest, dass sie sich dabei selbst verlor. Die Verantwortung, die sie auf sich nahm, war zu einer Last geworden, die sie nicht mehr tragen konnte. Eines Tages fiel ihr alles wie ein Kartenhaus zusammen. Der Job war nicht mehr erfüllend, die Familie enttäuschte sie, und die Freundschaften waren verblasst.

In einer Nacht der Einsicht wusste sie, dass sie sich niemals von der Verantwortung befreien konnte, solange sie nicht die Bereitschaft hatte, loszulassen. Sie konnte nicht alles für alle tun, und sie konnte nicht immer die perfekte Lösung für jedes Problem finden.

Wahrheit: **„Du hast die Verantwortung auf dich genommen – und sie hat dich zerbrochen. Vielleicht solltest du lernen, nicht für alles verantwortlich zu sein."**

Kurzgeschichte 155: „Die Unmöglichkeit des Verzeihens"
Warum manche Dinge einfach nicht verziehen werden können.

Max hatte nie richtig verziehen. Es war nicht, dass er ein rachsüchtiger Mensch war – im Gegenteil, er versuchte immer, ein guter Mensch zu sein. Aber es gab einen Punkt, an dem er wusste, dass er bestimmte Dinge nie würde verzeihen können. Als er erfuhr, dass ein alter Freund, dem er vertraut hatte, ihm tief in den Rücken gefallen war, war das Vertrauen zerbrochen. Es war eine Wunde, die sich nie wieder schließen sollte.

Die Jahre vergingen, und Max hörte immer wieder von Menschen, die ihm sagten, er müsse loslassen, um weiterzukommen. Doch er wusste tief in sich, dass er es nicht konnte. Die Vorstellung, wieder Vertrauen zu fassen, schien für ihn unmöglich. Es war nicht, dass er wütend war – es war das Gefühl der Ohnmacht, das ihn quälte. Und irgendwann wurde ihm klar, dass manche Dinge, egal wie sehr man es versuchte, einfach nicht verziehen werden konnten.

Wahrheit: „Du hast versucht zu vergeben – und du hast dich selbst belogen. Vielleicht ist Vergebung nicht immer der richtige Weg, wenn die Wunde zu tief ist."

Kurzgeschichte 156: „Das Labyrinth der Entscheidungen"
Warum Entscheidungen uns in einem Labyrinth fangen.

Lukas stand an einem Wendepunkt in seinem Leben. Die Entscheidung, einen Job zu wechseln, eine Beziehung zu beenden, ein neues Leben zu beginnen – all diese Gedanken schwirrten in seinem Kopf. Doch je mehr er versuchte, die richtige Entscheidung zu treffen, desto verwirrter wurde er. Was war, wenn er die falsche Wahl traf? Was, wenn er alles nur noch schlimmer machte?

Er fragte sich immer wieder, ob es überhaupt eine richtige Wahl gab oder ob das Leben einfach nur ein unvorhersehbares Chaos war, das er versuchte zu ordnen. Am Ende entschied er sich – aber nicht aufgrund von Klarheit, sondern aus einem Gefühl der Erschöpfung. Er war müde vom ständigen Grübeln und wollte einfach nur handeln, egal wie.

Wahrheit: „Du hast entschieden – und dir selbst etwas vorgemacht. Vielleicht gibt es keine perfekte Wahl, sondern nur den Mut, zu handeln."

Kurzgeschichte 157: „Das Konstrukt der Perfektion"

Warum der Drang nach Perfektion uns immer weiter von uns selbst entfernt.

Mia hatte sich ihr ganzes Leben lang darum bemüht, perfekt zu sein. Ihre Kleidung war immer makellos, ihre Haare immer perfekt frisiert, und ihre Arbeit war stets herausragend. Doch irgendwann begann sie zu merken, dass diese „Perfektion" sie nicht erfüllte. Es war keine Freude, sondern eine ständige Anstrengung, die sie auslaugte. Sie hatte das Gefühl, immer eine Rolle zu spielen, immer jemand anderes zu sein, nur um den Erwartungen der anderen gerecht zu werden.

Eines Abends, als sie vor ihrem Spiegel stand und sich fragte, warum sie sich selbst so eine Last auferlegte, erkannte sie, dass Perfektion niemals Freiheit brachte – nur eine Endlosspirale aus Selbstzweifeln und unerreichbaren Zielen.

Wahrheit: **„Du hast Perfektion angestrebt – und dich selbst verloren. Vielleicht liegt die wahre Freiheit nicht im Streben nach dem Ideal, sondern im Akzeptieren der Unvollkommenheit."**

Kurzgeschichte 158: „Der Kampf gegen das Alter"

Warum der Versuch, das Alter zu besiegen, uns nur älter macht.

Norbert hatte immer das Gefühl, dass er gegen die Zeit kämpfte. Jeden Tag sah er sich im Spiegel und versuchte, die Falten zu ignorieren, die immer tiefer wurden, und die grauen Haare, die sich an seinen Schläfen sammelten. Er trainierte, nahm unzählige Kuren, nahm Vitamine und trank nur gesunde Säfte, um dem Alter entgegenzuwirken. Doch trotz all seiner Anstrengungen fühlte er sich immer älter.

Eines Morgens, als er beim Friseur saß und der Friseur ihm ein wenig Farbe in seine Haare brachte, fragte er sich, warum er sich so verbog, nur um jünger zu wirken. Vielleicht hatte das Alter gar nichts mit seiner äußeren Erscheinung zu tun, sondern mit seiner inneren Haltung. In diesem Moment wusste er, dass er die Zeit nicht besiegen konnte – und dass er es auch nicht länger wollte.

Wahrheit: „Du hast gegen das Alter gekämpft – und du bist nur älter geworden. Vielleicht musst du lernen, mit dem Alter zu leben, statt es zu bekämpfen."

Kurzgeschichte 159: „Das System der Belohnung"

Warum wir uns selbst belohnen, und es uns doch nicht glücklich macht.

Henrik hatte das Gefühl, dass er immer etwas tun musste, um sich zu belohnen. Nach einem langen Arbeitstag gönnte er sich etwas Süßes, nach einem erfolgreichen Projekt einen freien Tag, nach jeder Herausforderung ein Glas Wein. Doch je mehr er sich belohnte, desto weniger fühlte er sich erfüllt. Es war nicht genug, es war nie genug.

Eines Tages stellte er sich vor den Spiegel und fragte sich: „Warum reicht es nie?" Und er erkannte, dass die Belohnungen, die er sich gab, keine wirkliche Erfüllung brachten. Sie waren Ablenkungen von der Leere, die er in sich trug, und nie die Lösung, die er suchte.

Wahrheit: „Du hast dich immer belohnt – und bist nie zufrieden geworden. Vielleicht liegt das wahre Geschenk nicht in der Belohnung, sondern in der Akzeptanz dessen, was du bereits hast."

Kurzgeschichte 160: „Der falsche Weg der Zufriedenheit"

Warum der Weg zur Zufriedenheit nicht der ist, den wir erwarten.

Elias dachte immer, Zufriedenheit ließe sich kaufen. Wenn er nur genug Geld hätte, das perfekte Haus fände oder den besten Job erlangen könnte, dann wäre er endlich zufrieden. Doch als er all diese Dinge erreicht hatte, bemerkte er, dass die Zufriedenheit nicht kam. Alles, was er hatte, fühlte sich leer und hohl an.

Er begann zu erkennen, dass Zufriedenheit nicht von außen kommen konnte. Es war nicht das Auto, das er fuhr, oder die Uhr, die er trug, die ihm fehlte, sondern etwas viel Tieferes, das er in sich selbst finden musste. Doch auf diesem Weg der Entdeckung stellte er fest, dass er immer wieder vor den gleichen Fragen stand – Fragen, auf die es keine schnellen Antworten gab.

Wahrheit: „Du hast Zufriedenheit gesucht – und sie nie gefunden. Vielleicht liegt die wahre Zufriedenheit nicht im Besitz, sondern im Erkennen, was du wirklich brauchst."

Kurzgeschichte 161: „Der letzte Moment"

Warum wir erst am Ende verstehen, was wirklich zählt.

Lena hatte ihr ganzes Leben mit dem Streben nach Erfolg, Anerkennung und Besitz verbracht. Doch als sie auf dem Sterbebett lag, wusste sie, dass all das, was sie in ihrer Karriere erreicht hatte, und all die materiellen Dinge, die sie angesammelt hatte, keinen Unterschied machten. Es waren die Beziehungen, die Erinnerungen und die Momente, die sie verpasst hatte, die jetzt alles bedeuteten.

In ihrem letzten Moment schloss sie die Augen und fragte sich, ob sie je wirklich lebendig gewesen war. Und sie verstand, dass es nicht der Erfolg war, der zählte, sondern die Zeit, die sie mit den richtigen Menschen verbrachte und die Momente, die sie wirklich lebte.

Wahrheit: **„Du hast nach Erfolg gesucht – und am Ende erkannt, dass er leer war. Vielleicht musst du lernen, wirklich zu leben, bevor es zu spät ist."**

Kurzgeschichte 164: „Der Fluch der Erwartung"

Warum wir ständig auf das „Bessere" warten und uns nie zufrieden geben.

Es gibt Tage, an denen eine Person sich fragt, ob das Leben ihr endlich das geben wird, was sie verdient hat. Sie arbeitet hart, strebt nach mehr, denkt, dass das nächste Angebot, der nächste Vertrag, das nächste große Ding sie endlich glücklich machen wird. Doch je näher sie diesem vermeintlichen Ziel kommt, desto mehr wird ihr klar, dass es nie ausreicht. Die Belohnung ist nur vorübergehend, der Hunger nach mehr wächst weiter.

Die Vorstellung, dass etwas Besseres kommen würde, hielt sie in einem ständigen Zustand des Wartens. Aber je länger sie wartete, desto mehr verpasste sie die kleinen, realen Momente, die wirklich zählt hätten können.

Wahrheit: „**Du wartest auf das große Glück, aber während du wartest, schleicht sich das Leben an dir vorbei. Du wirst nie zufrieden sein, solange du immer nur nach dem nächsten großen Ding jagst.**"

Kurzgeschichte 165: „Der teure Trick der Zufriedenheit"
Warum wir glauben, dass Dinge uns glücklich machen.

Ein Mann hatte alles, was man sich nur wünschen konnte. Ein pralles Bankkonto, ein riesiges Haus, teure Autos – und doch war er unzufrieden. Jeden Tag dachte er, er müsse noch mehr haben. Mehr Luxus, mehr Komfort, mehr Anerkennung. Was er nie begriff, war, dass all das, was er ansammelte, nie das Gefühl von Glück brachte, das er sich erhoffte.

Er hatte sich in den Teufelskreis der Konsumgesellschaft verstrickt – je mehr er hatte, desto mehr wollte er. Doch als er in seinem riesigen, leeren Wohnzimmer saß, umgeben von all dem Besitz, wurde ihm klar, dass er niemals zufrieden sein würde, weil er nie das hatte, was wirklich zählte: eine echte Verbindung zu anderen.

Wahrheit: „Du hast dir ein Schloss gebaut und wirst darin niemals König sein. Besitz macht nicht glücklich – nur der Moment, in dem du erkennst, dass du alles, was du je brauchst, schon längst verloren hast."

Kurzgeschichte 166: „Der Preis des Perfektionismus"
Warum wir uns selbst quälen, um etwas zu sein, was wir nie sein können.

Eine Frau war besessen von der Idee, perfekt zu sein. Ihr Leben war ein ständiger Wettlauf, alles richtig zu machen: der perfekte Job, die perfekte Familie, das perfekte Aussehen. Doch je mehr sie versuchte, diese Ideale zu erreichen, desto mehr vergaß sie, wer sie wirklich war. Der Druck, immer zu gefallen und zu glänzen, fraß sie von innen auf.

Eines Tages, als sie sich selbst im Spiegel betrachtete, bemerkte sie, dass ihre Augen leer waren, als hätte sie sich selbst verloren. Die Jagd nach Perfektion hatte sie zu einer fremden Person gemacht, die sie nicht mehr erkannte. Sie hatte das Leben, das sie immer wollte, zerstört, weil sie es nie wirklich leben konnte.

Wahrheit: „Du hast das Leben perfektioniert – und alles verloren, was du wirklich brauchst. Perfekt sein? Viel zu anstrengend, um zu merken, dass es viel zu spät ist."

Kurzgeschichte 167: „Der falsche Traum"

Warum wir ständig den falschen Dingen hinterherlaufen.

Eine Person träumte immer von einem besseren Leben. Jeden Tag wollte sie das große Ziel erreichen – der perfekte Job, das tolle Haus, die traute Familie. Sie war überzeugt, dass es nur eine Frage der Zeit war, bis alles in ihrem Leben perfekt zusammenpasste. Doch je mehr sie in den Traum investierte, desto mehr verlor sie sich in der Realität. Ihre Träume waren wie ein Schatten, der immer ein Stück weiter vor ihr herlief. Und je mehr sie ihm hinterherrannte, desto mehr verschwand alles, was sie eigentlich wollte: wahre Freiheit, echte Beziehungen, ehrliches Leben.

Am Ende blickte sie sich um und merkte: Der Traum, den sie so lange verfolgte, war der falsche. Sie hatte sich in etwas verfangen, das sie nie wirklich wollte.

Wahrheit: „Du hast dir dein Leben mit den falschen Zielen verplant, und jetzt, wo du endlich alles erreicht hast, ist dir klar, dass du nie das gewollt hast, was du dir eingebildet hast."

Kurzgeschichte 168: „Die Illusion der Kontrolle"
Warum wir alles kontrollieren wollen, aber nichts wirklich unter Kontrolle haben.

Eine Frau dachte immer, dass sie das Steuer ihres Lebens in der Hand hatte. Sie plante jede Entscheidung, überlegte, was sie als Nächstes tun musste und kontrollierte alles bis ins kleinste Detail. Doch je mehr sie versuchte, die Zügel zu straffen, desto mehr entglitt ihr die Kontrolle. Die plötzlichen Wendungen des Lebens hatten sie immer wieder überrascht, und schließlich merkte sie, dass sie nie wirklich die Kontrolle hatte. Das Leben hatte sie die ganze Zeit über in der Hand – und sie hatte es nie bemerkt.

Eines Morgens, als sie in den Spiegel sah, fragte sie sich, wie sie so blind für die Wahrheit gewesen war. Sie hatte sich den ganzen Stress gemacht, um etwas zu kontrollieren, das sie nie kontrollieren konnte.

Wahrheit: „Du hast alles unter Kontrolle – bis du merkst, dass du die Kontrolle schon längst verloren hast, während du dachtest, du hättest sie."

Kurzgeschichte 169: „Der Preis des Komforts"

Warum wir in der Komfortzone leben, obwohl es uns dort nicht gefällt.

Eine Person dachte, dass sie das Leben gefunden hatte, das sie wollte. Sie hatte einen Job, der sie zwar nicht erfüllte, aber gut bezahlte, und eine Wohnung, die groß genug war, um sich darin zu verstecken. Sie wusste, dass es mehr gab – mehr Abenteuer, mehr Risiko, mehr Leben – aber der Gedanke, ihre Komfortzone zu verlassen, machte sie nervös. Also blieb sie in ihrem goldenen Käfig, fühlte sich sicher und zufrieden, aber auch irgendwie leer. Sie sprach oft davon, wie glücklich sie war, und wie sie das alles selbst geschafft hatte. Doch tief im Inneren wusste sie, dass sie sich selbst betrog. Sie war gefangen – nicht durch äußere Umstände, sondern durch ihre eigene Angst.

Wahrheit: „Du redest dir ein, wie toll es ist, in deiner Komfortzone zu sitzen, aber in Wirklichkeit bist du nur ein Faulpelz, der Angst vor dem Leben hat."

Kurzgeschichte 170: „Das falsche Spiel"

Warum wir uns in den falschen Kämpfen verlieren.

Eine Person hatte sich immer gegen alles gewehrt, was sie als ungerecht empfand. Sie kämpfte gegen Ungleichheit, gegen Bürokratie, gegen die Welt. Doch je mehr sie gegen die äußeren Feinde kämpfte, desto mehr verlor sie sich selbst. Sie vergaß, dass der wahre Kampf nicht draußen war, sondern in ihr selbst. Statt sich auf das zu konzentrieren, was sie ändern konnte, stürzte sie sich in endlose Diskussionen und Verschwörungstheorien. Am Ende war sie verbittert, frustriert und immer noch genauso unzufrieden wie zuvor. Der Kampf, den sie geführt hatte, hatte ihr nichts gebracht, außer eine wachsende Sammlung von Verletzungen und Enttäuschungen.

Wahrheit: **„Du hast gegen alles gekämpft, nur um am Ende herauszufinden, dass der einzige Feind, den du nie besiegt hast, du selbst bist."**

Kurzgeschichte 171: „Der Moment der Wahrheit"

Warum wir den Moment verpassen, der uns verändern könnte.

Eine Frau saß in einem Café und starrte auf ihr Handy. Die Nachrichten, die sie las, waren bedeutungslos – die gleichen endlosen Beiträge, die die Welt in den sozialen Medien beherrschten. Ihr Tag war erfüllt von belanglosen Aufgaben, und sie fragte sich, wann sie endlich den Moment finden würde, der sie wirklich glücklich machen würde. Doch dieser Moment kam nie. Es war nicht der große Durchbruch, der ihr Leben verändern würde. Es war der Augenblick, in dem sie einfach innehalten und aufhören sollte, sich zu hetzen. Der Moment war schon längst da gewesen, aber sie hatte ihn immer wieder übersehen, weil sie immer auf das nächste große Ding wartete.

Wahrheit: „Du wartest immer auf den richtigen Moment – und während du wartest, hast du den Moment deines Lebens schon längst verpasst."

Kurzgeschichte 172: „Der teuerste Fehler"
Warum wir das Falsche für richtig halten.

Eine Person kaufte alles, was die Werbung ihr versprach. Sie besaß die neuesten Gadgets, die besten Marken, die tollsten Geräte. Sie war überzeugt, dass all das sie glücklicher machen würde. Doch als sie sich schließlich inmitten des materiellen Überflusses wiederfand, war sie mehr leer als je zuvor. Der Erfolg, den sie sich erhofft hatte, war nie eingetreten. Stattdessen stand sie in einem Berg von Schrott, der ihr nichts anderes brachte als Frustration und das Gefühl, immer mehr zu brauchen. Der teuerste Fehler, den sie gemacht hatte, war, zu glauben, dass Dinge sie jemals wirklich glücklich machen würden.

Wahrheit: „Du hast dir alles gekauft, was du wolltest – und das Einzige, was du damit erreicht hast, ist ein Haufen Mist und ein Konto, das leerer ist als dein Kopf."

Kurzgeschichte 173: „Die Illusion von Freundschaft"
Warum wir uns an Leute klammern, die uns eigentlich nichts bringen.

Eine Person hatte einen besten Freund, den sie ständig um Rat fragte, auf den sie sich verließ und dem sie alles anvertraute. Sie dachte, dieser Freund würde immer da sein, egal was passierte. Doch dann, als sie in einer schwierigen Situation war und dringend Hilfe brauchte, war der Freund plötzlich verschwunden. Keine Nachricht, kein Anruf, nichts. Sie wartete, verzweifelte, bis sie schließlich erkannte, dass dieser Freund nie wirklich da war – nur solange es ihr gut ging und sie ihn brauchte. Als es hart auf hart kam, konnte er sie nicht einmal mit einer Nachricht unterstützen.

Wahrheit: „Du hast dir einen Freund eingebildet, der nie wirklich da war. Vielleicht hast du nur darauf gewartet, dass er dich rettet, während du die ganze Zeit selbst der Idiot warst, der nicht gemerkt hat, dass niemand wirklich für dich da ist."

Kurzgeschichte 174: „Der Stolz der Wahrheit"

Warum wir ständig uns selbst belügen, um unser Ego zu retten.

Eine Frau hatte immer geglaubt, dass sie in allem, was sie tat, außergewöhnlich war. Ihre Karriere lief gut, ihre Beziehungen auch, und sie war sich sicher, dass alle neidisch auf ihr Leben waren. Doch eines Tages, als sie sich in einer Krise befand, musste sie feststellen, dass niemand sie wirklich unterstützte – ihre Kollegen, ihre Freunde, ihre Familie, alle hatten sich von ihr entfernt. Sie hatte sich jahrelang durch ihr eigenes Bild von sich selbst gelogen, und jetzt stand sie da, mit nichts als ihrer leeren Fassade. Niemand hatte sie jemals so angesehen, wie sie sich selbst gesehen hatte. Sie war nicht besonders – sie war eine Frau, die sich aus Angst vor der Wahrheit selbst belogen hatte.

Wahrheit: „Du hast dir dein eigenes Denkmal gebaut und dich darin eingeschlossen. Die Wahrheit? Du bist nichts Besonderes – und du wirst es nie sein, solange du so tust, als wäre alles in Ordnung."

Kurzgeschichte 175: „Die Jagd nach dem Perfekten"

Warum wir das Unmögliche verfolgen, obwohl wir es nicht brauchen.

Ein Mann hatte einen Plan für sein Leben. Er wollte alles – die perfekte Karriere, die perfekte Familie, das perfekte Aussehen.

Er jagte immer nach dem nächsten Ziel, immer nach der nächsten Bestätigung, dass er genug war. Doch je mehr er jagte, desto weiter entfernte sich das, was er wirklich brauchte. Die Perfektion war nicht nur unerreichbar, sie war auch vollkommen irrelevant. Als er schließlich in einem Moment der Stille auf sein Leben zurückblickte, stellte er fest, dass er alles verloren hatte, was ihm wichtig war – und für was? Für den Mist, den ihm niemand je abgekauft hatte.

Wahrheit: **„Du hast die ganze Zeit das perfekte Leben gesucht, aber du hast nie gemerkt, dass du schon alles hättest haben können, wenn du nicht so besessen von deiner eigenen Dummheit gewesen wärst."**

Kurzgeschichte 176: „Der falsche Feind"
Warum wir uns in den falschen Kämpfen verlieren.

Eine Person verbrachte Jahre ihres Lebens damit, gegen das zu kämpfen, was sie für das größte Übel hielt – die Gesellschaft, die Politik, die Menschen, die sie für schlecht hielt. Sie verbrachte jede freie Minute mit Protesten, mit Wut, mit der Suche nach einer Antwort auf die Probleme, die sie selbst nie wirklich verstanden hatte. Doch eines Tages stand sie alleine da, umgeben von den Ruinen ihrer eigenen Kämpfe, und merkte, dass der wahre Feind nicht außerhalb von ihr war. Es war ihre eigene Unzufriedenheit und ihre ständige Angst vor

Veränderung. Alles, gegen das sie gekämpft hatte, war ein Spiegelbild ihrer eigenen inneren Leere.

Wahrheit: **„Du hast gegen alles gekämpft, was dir in den Weg kam, und dabei vergessen, dass du der Grund bist, warum du nie etwas erreicht hast. Der Feind war nie die Welt – der Feind bist du selbst."**

Kurzgeschichte 177: „Der Moment der Erkenntnis"

Warum wir den entscheidenden Moment verpassen und es nie merken.

Eine Frau ging jeden Tag zur Arbeit, machte ihre Aufgaben, kümmerte sich um ihre Familie und lebte das Leben, das die Gesellschaft ihr vorgab. Sie war immer beschäftigt, immer auf der Jagd nach dem nächsten Ziel. Doch eines Tages, als sie aufwachte und aus dem Fenster blickte, wurde ihr klar, dass sie nie wirklich gelebt hatte. Sie hatte sich durch das Leben geschleppt, ohne jemals zu merken, dass sie bereits alles hatte, was sie brauchte – aber nicht die Zeit, es zu genießen. Der Moment, der sie verändern konnte, war längst vorbei, und sie hatte ihn nie bemerkt, weil sie zu beschäftigt war, immer weiter zu rennen.

Wahrheit: „Du hast dein Leben mit Zielen und Hektik verbrannt, und als du endlich innehielst, warst du so müde, dass du nicht mal mehr merkst, wie viel du verloren hast."

Kurzgeschichte 178: „Der Betrug der Erwartungen"

Warum wir immer mehr erwarten und am Ende nur enttäuscht sind.

Eine Person hatte immer hohe Erwartungen an das Leben. Sie dachte, sie verdiene das Beste und dass ihr irgendwann all das Glück zuteilwerden würde, von dem sie träumte. Doch jedes Mal, wenn sie einen neuen Erfolg erzielte, war er nie genug. Jede neue Errungenschaft, jedes neue Ziel, das sie erreichte, fühlte sich leerer an als das letzte. Sie verstand nie, warum, bis sie eines Tages begriff, dass die Erwartungen selbst das Problem waren. Sie war nicht enttäuscht, weil das Leben sie betrogen hatte – sie war enttäuscht, weil sie ständig das Unmögliche von sich und der Welt verlangte.

Wahrheit: „Du hast dir das Leben zurechtfantasiert und dich dann selbst enttäuscht, weil du immer zu viel erwartet hast. Vielleicht sollte dir endlich klar werden, dass du nicht die Queen bist, auf die alle gewartet haben."

Kurzgeschichte 179: „Die falsche Entscheidung"

Warum wir immer das Falsche wählen und dann überrascht sind, dass es schiefgeht.

Eine Person stand vor einer großen Entscheidung – der Job, die Beziehung, die Stadt, in die sie ziehen wollte. Alle Optionen hatten Vor- und Nachteile, aber sie entschied sich für den vermeintlich „besten" Weg. Sie hörte auf alle Ratschläge, las Bücher, nahm jede „logische" Abwägung in Betracht. Doch dann, nach einigen Monaten, stellte sie fest, dass sie in der falschen Stadt, mit dem falschen Job und der falschen Person war. Alles war ein Chaos, und sie konnte die Entscheidung, die sie getroffen hatte, nicht mehr rückgängig machen.

Wahrheit: **„Du hast nicht nur die falsche Entscheidung getroffen – du hast dich selbst betrogen, indem du gedacht hast, du hättest eine Wahl. Du warst immer auf der Suche nach der perfekten Lösung, die du nie gefunden hast, weil du zu blöd warst, die offensichtliche Wahl zu sehen."**

Kurzgeschichte 180: „Der Schock der Realität"

Warum wir die Wahrheit so lange ignorieren, bis sie uns ins Gesicht schlägt.

Ein Mann hatte immer geglaubt, er würde irgendwann das große Geld machen. Er hatte die besten Ideen, war der klügste

Kopf in seinem Kreis und dachte, er wäre unaufhaltbar. Doch eines Tages kam der Bankrott. Der Traum von Reichtum zerplatzte wie eine Seifenblase. Die ersten Monate versuchte er, sich selbst zu belügen, dass er nur Pech hatte. Aber nach einer Weile musste er zugeben, dass er einfach zu blöd war, um es richtig zu machen. Der Traum war nie real, und der Schmerz, den er empfand, war nicht nur finanziell. Es war die Tatsache, dass er sich so lange in seiner eigenen Illusion geirrt hatte.

Wahrheit: „Du hast dein Leben lang darauf gewartet, dass jemand anderes die Verantwortung für deine Misserfolge übernimmt. Jetzt stehst du da, leer und enttäuscht – und das ist die Konsequenz davon, sich selbst so lange etwas vorzumachen."

Kurzgeschichte 181: „Die Kunst der Lügen"
Warum wir immer wieder lügen, selbst wenn es niemanden interessiert.

Eine Person hatte immer die Angewohnheit, kleine Lügen zu erzählen. Es waren keine großen, dramatischen Lügen, sondern eher solche, die sie sich selbst erzählte, um das Leben ein bisschen erträglicher zu machen. „Ich kann das später machen", „Das ist nicht so schlimm", „Ich bin einfach zu beschäftigt." Sie glaubte, dass diese kleinen Lügen ihr halfen, den Druck zu ertragen. Doch als das Leben ihr die Rechnung präsentierte, merkte sie, dass all die Lügen zusammen ein riesiges Gebilde aus Unwahrheiten geworden waren. Der einfache Trick, der ihr so lange geholfen hatte, war plötzlich der Grund, warum sie nichts mehr in ihrem Leben unter Kontrolle hatte.

Wahrheit: „Du hast dich durch dein Leben gelogen, und jetzt stehst du mit einem Berg von Problemen da. Aber hey, zumindest kannst du dir immer noch einreden, dass es nicht so schlimm ist, oder?"

Kurzgeschichte 182: „Der Glaube an das Gute"
Warum wir immer hoffen, dass das Leben uns irgendwann belohnt.

Eine Frau hatte jahrelang daran geglaubt, dass das Leben ihr irgendwann etwas zurückgeben würde – dass all die Mühen, die Opfer und die Entbehrungen irgendwann zu etwas Gutem führen würden. Sie war nett zu Menschen, half, wo sie konnte, und setzte sich für andere ein. Doch als das Leben sie dann eines Tages prüfte, merkte sie, dass niemand sie wirklich sah. Niemand hatte ihr das zurückgegeben, was sie gegeben hatte. Sie fühlte sich ausgenutzt und enttäuscht, und die Hoffnung auf das Gute, das sie sich immer gewünscht hatte, zerbrach.

Wahrheit: „Du hast geglaubt, dass alle irgendwann für deine Freundlichkeit dankbar sein würden, aber du hast das falsche Publikum gehabt. Die Welt interessiert sich nicht für das Gute in dir – sie sieht nur, wie gut du dich selbst verarscht hast."

Kurzgeschichte 183: „Die falsche Richtung"

Warum wir ständig in die falsche Richtung laufen, bis wir es nicht mehr können.

Ein Mann ging jahrelang seinen Weg – er tat alles, was die Gesellschaft von ihm erwartete: Job, Familie, Verantwortung. Er folgte der Route, die alle anderen auch gingen. Doch eines Tages, als er in den Spiegel schaute, fragte er sich: „Ist das wirklich mein Leben?" Er hatte das Gefühl, dass er die falsche Richtung eingeschlagen hatte, doch es war zu spät, um umzukehren. Die Züge der Entscheidungen, die er nicht getroffen hatte, waren längst abgefahren, und er stand auf einem Gleis, von dem er wusste, dass er nie mehr zurück konnte.

Wahrheit: „Du hast dich die ganze Zeit an den gleichen Fahrplan gehalten und dann gewundert, warum du an einem Ort landest, an dem niemand je freiwillig sein will. Du hast nie auf dich gehört – also bleib jetzt ruhig da, wo du bist."

Kurzgeschichte 184: „Die Jagd nach dem Glück"

Warum wir das Glück überall suchen, nur nicht in uns selbst.

Eine Person hatte ihr ganzes Leben damit verbracht, das Glück zu suchen. In neuen Beziehungen, in neuen Jobs, in neuen Orten. Immer auf der Jagd nach dem nächsten großen Moment, der sie erfüllen würde. Doch immer, wenn sie dachte, sie hätte es endlich gefunden, stellte sie fest, dass es doch nicht genug war. Sie war nie wirklich glücklich – und das lag nicht an den äußeren Umständen. Es lag daran, dass sie nie gelernt hatte, sich selbst zu schätzen. Die Jagd war nur ein Ablenkungsmanöver vor der Tatsache, dass sie nie mit sich selbst im Reinen war.

Wahrheit: „**Du hast das Glück immer woanders gesucht, aber du hast nie gecheckt, dass es sich nie in einer neuen Beziehung, einem neuen Job oder einem neuen Ort versteckt hat – sondern dass du dich einfach selbst nicht ausstehen kannst.**"

Kurzgeschichte 185: „Der perfekte Moment"

Warum wir immer auf den perfekten Moment warten und dann vergessen, dass er nie kommt.

Eine Person hatte ihr ganzes Leben auf den „perfekten Moment" gewartet. Der Moment, in dem alles zusammenpasst, in dem der Job genau richtig ist, die Beziehungen in Harmonie schweben und der Ort endlich „perfekt" ist. Doch dieser Moment kam nie. Sie wartete weiter, immer auf den nächsten Tag, die nächste Woche, das nächste Jahr. Und während sie wartete, verging ihr Leben. Der perfekte Moment kam nie, weil er nie wirklich existierte. Sie verschwendete ihre Zeit, auf etwas zu hoffen, das niemals eintreten würde.

Wahrheit: „Du hast auf einen Moment gewartet, der nie kommt, und dabei dein ganzes Leben versemmelt. Was du als ‚perfekt' erträumt hast, ist nichts anderes als die Entschuldigung, sich nie wirklich für irgendetwas zu entscheiden."

Kurzgeschichte 186: „Die Perfekte Ausrede"

Warum wir immer die perfekte Ausrede finden und dabei uns selbst belügen.

Jeder hat seine Ausreden. Eine Person hatte unzählige davon. Keine Zeit für dies, keine Energie für jenes, und wenn es wirklich hart auf hart kam, dann war es natürlich das „schlechte Wetter" oder „die unvorhergesehenen Umstände". Diese Ausreden funktionierten jahrelang, aber irgendwann wurde der Vorwand so dünn, dass er nicht mehr half. Doch anstatt sich einzugestehen, dass sie einfach zu faul oder feige war, sich der Realität zu stellen, spielte sie weiter das Spiel der perfekten Ausreden.

Wahrheit: **„Du hast dich jahrelang selbst belogen, aber am Ende kann niemand die Ausreden mehr hören. Du bist nicht zu beschäftigt, du bist einfach nur zu schwach, dich der Wahrheit zu stellen."**

Kurzgeschichte 187: „Der Rückblick"
Warum wir immer in die Vergangenheit schauen und dann enttäuscht sind, dass sie uns nicht mehr gehört.

Eine Frau saß in ihrem Wohnzimmer und sah alte Fotos an. Es waren die Zeiten, als alles noch einfach schien – als sie jung war und die Welt noch vor ihr lag. Sie erinnerte sich an die Dinge, die sie getan hatte, und an die Menschen, die sie geliebt hatte. Doch während sie die Bilder betrachtete, merkte sie, wie wenig diese Vergangenheit sie heute noch interessierte. Sie war in eine andere Richtung gegangen, und nichts, was sie früher hatte, konnte ihr die Erfüllung geben, die sie sich erhoffte. Die Vergangenheit gehörte ihr nicht mehr, und die Enttäuschung war, dass sie nie wirklich losgelassen hatte.

Wahrheit: „Du hast die Vergangenheit immer noch an dich geklammert, weil du Angst hast, dass du jetzt nichts mehr zu bieten hast. Aber deine besten Zeiten liegen nicht hinter dir, sie liegen vor dir – wenn du nur endlich aufhörst, dich von den Geistern der Vergangenheit quälen zu lassen."

Kurzgeschichte 188: „Der schnelle Erfolg"
Warum wir immer nach dem schnellen Erfolg suchen und dann enttäuscht sind, dass es keine Abkürzung gibt.

Ein Mann wollte alles – und zwar sofort. Der schnelle Reichtum, der blitzschnelle Erfolg, die sofortige Anerkennung. Er investierte in alles, was ihm versprochen wurde: geheime Methoden, Schnellkurse, geheime Rezepte zum Erfolg. Doch statt das schnelle Glück zu finden, verlor er Geld, Zeit und noch mehr Vertrauen in sich selbst. Die Realität war bitterer als der süße Traum von schnellem Erfolg.

Wahrheit: „Du hast dich selbst betrogen und geglaubt, du könntest dir das Leben einfach kaufen. Der schnelle Erfolg ist genauso wie die schnelle Diät – du wirst irgendwann hungrig, und alles, was du hattest, fällt dir um die Ohren."

Kurzgeschichte 189: „Der Versuch, perfekt zu sein"

Warum der Versuch, perfekt zu sein, nur dazu führt, dass wir immer mehr von uns selbst verlieren.

Eine Frau versuchte, in allem perfekt zu sein. Der perfekte Job, die perfekte Beziehung, das perfekte Aussehen. Sie verstellte sich, um den Erwartungen anderer gerecht zu werden. Doch irgendwann wurde der Druck zu groß. Sie merkte, dass sie nie wirklich „sie selbst" war, sondern immer eine Rolle spielte, um den anderen zu gefallen. Der Versuch, perfekt zu sein, hatte sie so weit von sich selbst entfernt, dass sie die Person, die sie einmal war, kaum noch erkannte.

Wahrheit: **„Du hast so lange versucht, perfekt zu sein, dass du dich selbst vergessen hast. Jetzt bist du die falsche Version von jemandem, den du nie sein wolltest, und niemand interessiert sich für die Maske, die du trägst."**

Kurzgeschichte 190: „Die Angst vor dem Scheitern"

Warum wir immer Angst haben zu scheitern, obwohl wir wissen, dass es nie perfekt sein wird.

Ein Mann hatte Angst vor jeder Entscheidung. Die Angst, etwas falsch zu machen, lähmte ihn. Der Gedanke an Scheitern war so groß, dass er nicht einmal wagte, es zu versuchen. Doch die Realität? Es gab nie den perfekten Moment, und der Versuch, immer auf Nummer sicher zu gehen, führte nur dazu, dass er nichts tat. Und irgendwann, als er zurückblickte, war der einzig wirkliche Fehler der, dass er nie den Mut hatte, etwas zu tun.

Wahrheit: „Du hast Angst zu scheitern, aber das wirkliche Scheitern ist es, nie zu starten. Du hast dir das Leben selbst verbaut, indem du dir eingeredet hast, dass das Scheitern schlimmer ist, als nichts zu tun."

Kurzgeschichte 191: „Die Jagd nach Anerkennung"
Warum wir immer die Anerkennung von anderen wollen und dann enttäuscht sind, dass sie nie kommt.

Eine Person suchte ständig nach Bestätigung von anderen. Sie tat alles, was sie konnte, um zu gefallen und Anerkennung zu bekommen. Sie gab sich viel Mühe, um ihre Wertigkeit in den Augen anderer zu beweisen. Doch am Ende blieb die Bestätigung aus. Sie bemerkte, dass die Menschen nur dann Interesse an ihr hatten, wenn es ihnen etwas brachte. Die Jagd nach Anerkennung hatte sie nur leer und enttäuscht hinterlassen.

Wahrheit: „Du hast die ganze Zeit versucht, dich anderen zu beweisen, aber die Wahrheit ist, niemand kümmert sich um deinen Beweis. Du bist nur so lange wichtig, wie du ihnen etwas bieten kannst."

Kurzgeschichte 192: „Der Glaube an das Schicksal"

Warum wir glauben, dass das Schicksal uns retten wird – und warum es das nie tut.

Ein Mann war fest davon überzeugt, dass das Schicksal ihm irgendwann einen Weg zeigen würde. Dass alles, was er tat, Teil eines großen Plans war. Doch irgendwann fand er sich in einem Leben wieder, das er nicht gewollt hatte. Das Schicksal hatte nie eingegriffen, und alles, was ihm geblieben war, war die bittere Erkenntnis, dass er selbst für sein Leben verantwortlich war. Aber wer möchte das schon hören, wenn er die Verantwortung lieber abgeben möchte?

Wahrheit: „Das Schicksal hat dir nie geholfen – du hast dir immer selbst etwas vorgemacht. Aber die wahre Wahrheit ist, du bist der Einzige, der die Verantwortung für dein Leben übernehmen muss, und du hast dir lange genug eingeredet, dass dir das Schicksal irgendetwas schuldet."

Kurzgeschichte 193: „Die Hoffnung auf Veränderung"

Warum wir immer glauben, dass sich alles ändern wird, ohne selbst etwas zu tun.

Eine Frau hoffte immer, dass sich ihr Leben irgendwann ändern würde. Sie wartete darauf, dass sich die Umstände, die Menschen und das Umfeld von selbst ändern würden, ohne dass sie dafür etwas tun musste. Doch als sich nichts änderte, wurde sie frustriert. Sie hatte nie begriffen, dass sie selbst derjenige war, der etwas tun musste, um Veränderung zu bewirken.

Wahrheit: **„Du hast immer gehofft, dass sich etwas ändern würde, aber du hast nie verstanden, dass du die Veränderung selbst in die Hand nehmen musst. Jetzt sitzt du da und hoffst auf ein Wunder, das nie kommt."**

Kurzgeschichte 194: „Der Traum von der großen Liebe"

Warum wir immer nach der großen Liebe suchen, die uns retten soll – und warum sie nie kommt.

Eine Frau hatte ihr Leben lang an die Vorstellung geglaubt, dass die wahre Liebe sie erlösen würde. Sie war überzeugt, dass irgendwo da draußen ein Mensch existierte, der ihre ganzen Unsicherheiten heilen, all ihre Ängste vertreiben und ihr Leben zu einem Märchen machen würde. Also suchte sie weiter, in jeder Beziehung, in jeder Begegnung. Sie opferte ihre eigenen Bedürfnisse und Wünsche, um dem idealen Partner gerecht zu werden, der ihr das Gefühl gab, vollständig zu sein. Doch jedes Mal, wenn sie dachte, sie sei angekommen, stürzte der Traum in sich zusammen. Der „perfekte" Partner entpuppte sich als Fehlgriff, als Illusion. Der Partner konnte ihr nie das geben, was sie sich erhofft hatte, weil die ganze Last der Erwartungen auf ihm lastete. Und irgendwann erkannte sie die bittere Wahrheit: Die Liebe, die sie suchte, konnte sie nur in sich selbst finden.

Wahrheit: „Du hast dein Leben damit verbracht, jemanden zu suchen, der dich retten würde, und hast dabei vergessen, dass du selbst derjenige bist, der sich retten muss. Niemand kann dich zu dem machen, was du dir erträumst – du bist alleine dafür verantwortlich."

Kurzgeschichte 195: „Der Kampf mit der Zeit"
Warum wir immer glauben, dass die Zeit uns irgendwann alles bringt – und warum sie uns nichts schenkt.

Ein Mann lebte mit der ständigen Vorstellung, dass irgendwann „die richtige Zeit" kommen würde. Die Zeit, in der er den Job bekam, den er wollte. Die Zeit, in der er endlich genug Geld hatte, um die Dinge zu tun, die er immer wollte. Die Zeit, in der er sich endlich selbst gefunden hätte. Doch die Zeit, die er in seinem Leben so fest eingeplant hatte, verging – schneller, als er dachte. Jahre vergingen, und er schaute auf die leeren Stellen in seinem Leben, die immer noch nach Erfüllung suchten. Stattdessen hatte er immer gewartet, gewartet, gewartet. Der Gedanke an die Zeit als Retter hatte ihn paralysiert. Und als er endlich realisierte, dass er derjenige war, der die Zeit nutzen musste, um das zu erreichen, was er wollte, war es fast zu spät. Die Zeit hatte ihn nicht gerettet. Sie hatte ihn nur auf die Probe gestellt.

Wahrheit: „Du hast darauf gewartet, dass dir die Zeit alles bringt, aber du hast nicht verstanden, dass sie sich nicht an deinen Plan hält. Du hast dein Leben in der Warteschleife verbracht, anstatt es selbst in die Hand zu nehmen."

Kurzgeschichte 196: „Der Berg der Erwartungen"
Warum wir immer glauben, dass wir den Erwartungen anderer entsprechen müssen – und warum wir daran zerbrechen.

Eine Frau war ständig auf der Jagd nach der Bestätigung anderer. Ihre Eltern, ihr Chef, ihre Freunde – alle stellten Ansprüche an sie. Sie versuchte, es jedem recht zu machen, sich selbst jedoch immer weiter aus den Augen zu verlieren. Sie opferte ihre eigenen Träume und Wünsche, um die Erwartungen anderer zu erfüllen, und die Last dieser ständigen

Anstrengung wuchs immer mehr. Irgendwann war der Druck so groß, dass sie nicht mehr weiter wusste. Ihre Energie war erschöpft, ihre Seele leer. Sie hatte all die Jahre auf das falsche Ziel hingearbeitet – auf das Ziel, dass andere sie lieben, schätzen und akzeptieren würden. Aber all das hatte nichts mit ihr selbst zu tun. Die Anerkennung von außen konnte ihr nichts geben, was sie wirklich brauchte: sich selbst zu finden und zu akzeptieren. Und so fiel sie irgendwann in sich zusammen, als sie merkte, dass der Berg der Erwartungen sie nie befreien konnte.

Wahrheit: „Du hast dich jahrelang für andere aufgeopfert und dabei vergessen, dass du niemals wirklich glücklich sein wirst, solange du versuchst, anderen zu gefallen. Du bist der einzige Mensch, dessen Meinung wirklich zählt – und du hast deine eigene schon längst ignoriert."

Kurzgeschichte 197: „Die Jagd nach dem Sinn"
Warum wir immer glauben, dass es einen übergeordneten Sinn für alles gibt – und warum er uns in die Irre führt.

Ein Mann hatte das ganze Leben lang nach dem Sinn des Lebens gesucht. Er las Bücher, besuchte Seminare, sprach mit den klügsten Köpfen und reiste in ferne Länder, um die „Erleuchtung" zu finden. Doch trotz all dieser Bemühungen konnte er nie wirklich eine Antwort finden. Alles, was er entdeckte, waren verschiedene Theorien, Philosophien und Sichtweisen – aber keine, die wirklich seinen inneren Frieden brachte. Er verbrachte Jahre damit, die Antwort zu suchen, doch die Wahrheit war viel schlichter als er dachte: Der Sinn des Lebens war nicht etwas, das er finden konnte. Er war schon immer da – in den kleinen Momenten des Lebens, die er nie wirklich wahrgenommen hatte. In der Freude, die er in den einfachen Dingen fand, im Lächeln eines Fremden, im Gefühl, lebendig zu sein. Aber er hatte so viel nach dem großen „Sinn" gesucht, dass er das Leben selbst übersehen hatte.

Wahrheit: „Du hast dein Leben damit verbracht, nach einem großen Sinn zu suchen, und hast dabei vergessen, dass der wahre Sinn das Leben selbst ist. Du hast alles verpasst, was wirklich zählt, weil du immer nur an das Große, das Unerreichbare geglaubt hast."

Kurzgeschichte 198: „Der Traum von Unsterblichkeit"
Warum wir immer glauben, dass wir die Zeit überlisten können – und warum wir uns dabei selbst belügen.

Eine Person verbrachte ihr Leben damit, sich unsterblich zu fühlen. Sie dachte, sie könnte alles tun, was sie wollte, ohne Konsequenzen. Die Jahre vergingen, und sie wurde älter, aber sie fühlte sich immer noch unbesiegbar. Sie schaffte es, sich aus jeder schwierigen Situation herauszuwinden und glaubte immer, dass der Tod etwas für „andere" war. Doch eines Tages, als sie älter wurde und die Zeichen der Zeit nicht mehr zu leugnen waren, konnte sie es nicht mehr ignorieren: Der Tod war real, und er kam. Sie hatte sich all die Jahre eingebildet, dass er nie kommen würde. Doch der Gedanke an ihre eigene Vergänglichkeit ließ sie nun erschüttert zurück.

Wahrheit: „**Du hast geglaubt, dass du unsterblich bist, und jetzt sitzt du hier, während die Zeit dich langsam aufzehrt. Du hast dich über das Leben hinweggetäuscht, aber der Tod wird immer der letzte Streich des Lebens sein.**"

Kurzgeschichte 199: „Die Suche nach der Freiheit"

Warum wir immer glauben, dass wir von allem befreit sein müssen – und warum wir nie die wahre Freiheit finden.

Eine Person suchte ihr ganzes Leben nach der Freiheit. Sie dachte, die Freiheit würde sie von allen Verpflichtungen und Bindungen befreien. Sie versuchte, sich von der Arbeit zu befreien, von Beziehungen, von Verantwortung. Sie wollte alles loslassen und ohne Einschränkungen leben. Doch als sie endlich all das losließ, was sie für „Befreiung" hielt, fand sie sich allein und leer wieder. Die Freiheit, nach der sie gesucht hatte, stellte sich als Illusion heraus. Ohne Verantwortung, ohne Verbindungen, ohne Ziel fühlte sie sich wie ein Boot ohne Ruder, das hilflos auf dem Ozean trieb.

Wahrheit: „Du hast dich immer nach Freiheit gesehnt, aber du hast nie verstanden, dass wahre Freiheit nicht das Fehlen von Verantwortung ist – sondern das Annehmen dessen, was du bist, und die Verantwortung für dein eigenes Leben zu übernehmen."

Kurzgeschichte 200: „Das Geheimnis der perfekten Entscheidung"

Warum wir immer glauben, dass es die „richtige" Entscheidung gibt – und warum es keine gibt.

Eine Person stand ständig vor Entscheidungen und glaubte, es gäbe eine „perfekte" Wahl. Die Wahl, die ihr Leben verändern würde. Die Wahl, die sie endlich an ihr Ziel bringen würde. Doch jedes Mal, wenn sie eine Entscheidung traf, folgte die nächste, und dann die nächste. Sie hatte nie das Gefühl, dass sie tatsächlich „richtig" entschieden hatte. Immer wieder stellte sie sich vor, dass sie die falsche Wahl getroffen hatte, dass sie sich anders hätte entscheiden müssen. Doch die Realität war, dass es keine perfekte Entscheidung gab. Es gab nur Entscheidungen, die sie traf – und die Konsequenzen, die sich daraus ergaben. Aber sie hatte ihr Leben lang nach der perfekten Wahl gesucht und dabei das Einzige übersehen, was wirklich wichtig war: zu handeln.

Wahrheit: „Du hast dein ganzes Leben damit verbracht, nach der perfekten Entscheidung zu suchen, aber am Ende zählt nur eines: Du hast nie gehandelt. Du hast dir eine Illusion aufgebaut, und jetzt bist du alt und hast nichts erreicht."

Kurzgeschichte 201: „Der perfekte Moment"

Warum wir glauben, dass der richtige Zeitpunkt noch kommt – und warum er das nie tut.

Ein Mann hatte eine geniale Geschäftsidee. Sie war so brillant, dass er überzeugt war, damit reich zu werden. Er sprach oft darüber, plante, schrieb Notizen, las Bücher über Erfolg. Doch dann kam der Alltag. Er wollte sich erst weiterbilden, dann ein finanzielles Polster aufbauen, dann noch ein bisschen warten. „Der richtige Moment wird kommen", sagte er sich.

Jahre vergingen. Er wurde 40, dann 50. Immer noch angestellt, immer noch unterfordert, immer noch mit derselben Ausrede. Immer wieder sah er andere Menschen, die mit weniger Wissen und schlechteren Ideen erfolgreich wurden. „Die hatten einfach Glück", sagte er. „Ich warte auf meine Chance."

Mit 65 wurde er entlassen. Endlich hatte er Zeit. Aber jetzt war er müde. Er hatte keine Energie mehr, keine Lust, kein Feuer. Eines Tages scrollte er durch die Nachrichten und sah einen

jungen Unternehmer, der genau seine Idee umgesetzt hatte –
vor zehn Jahren.

Er klappte seinen Laptop zu und ging schlafen.

Wahrheit: „Der perfekte Moment existiert nicht. Du hast ihn
nur erfunden, damit du nichts tun musst."

Kurzgeschichte 202: „Der große Neustart"

*Warum wir glauben, dass wir irgendwann unser Leben ändern –
und warum das nur eine Lüge ist.*

Eine Frau saß in ihrem Wohnzimmer und starrte auf den Mann
neben sich. Ihr Partner. Seit zwanzig Jahren. Sie liebte ihn nicht
mehr, wenn sie ihn je geliebt hatte. Doch sie konnte nicht
einfach gehen. Nicht jetzt. Die gemeinsame Wohnung, die
Finanzen, die Kinder. Sie wollte erst ein sicheres Polster haben.
Sie wollte warten, bis der richtige Moment kam.

Die Jahre vergingen. Sie wurde 40. Dann 50. Ihr Partner wurde
ein alter, grummeliger Mann. Gespräche gab es nicht mehr, nur
noch Routine. Manchmal stellte sie sich vor, wie es wäre, allein
zu sein. Freiheit. Ein anderes Leben. Vielleicht ein Neuanfang
mit jemandem, den sie wirklich mochte.

Mit 58 saß sie immer noch hier. Dann, an einem
Dienstagmorgen, sagte er plötzlich: „Ich verlasse dich."

Sie lachte. „Sehr witzig."

„Nein. Ich will nicht meine letzten Jahre verschwenden."

Sie war fassungslos. All die Jahre hatte sie geglaubt, sie hätte die Kontrolle. Dass SIE eines Tages gehen würde.

Wahrheit: **„Du wirst dein Leben nicht ändern. Du wirst dich anpassen, dich vertrösten und irgendwann akzeptieren, dass es zu spät ist."**

Kurzgeschichte 203: „Die Anerkennung"

Warum wir glauben, dass andere unser Talent erkennen werden – und warum das nie passiert.

Ein Mann wusste, dass er talentiert war. Nicht nur talentiert – brillant. Doch niemand bemerkte es. Niemand lobte ihn. Niemand erkannte sein Potenzial.

Aber das war okay. Große Künstler wurden oft erst spät entdeckt. Er musste nur durchhalten. Und so wartete er. Er malte, schrieb, komponierte. Er schickte seine Werke an Wettbewerbe, Verlage, Galerien. Meistens kamen Absagen. „Die verstehen meine Kunst nicht", sagte er sich.

Mit 45 musste er einen Kredit aufnehmen, um weiterzumachen. Mit 50 verdiente er keinen Cent mehr mit seiner Kunst. Seine

Freunde verdienten gutes Geld in normalen Jobs. Sie kauften Häuser, fuhren in den Urlaub. Er saß in seiner Einzimmerwohnung und wartete immer noch auf den Moment, in dem jemand seine Genialität erkennen würde.

Mit 60 hatte er es satt. Er verkaufte seine Bilder für ein paar Euro auf dem Flohmarkt. Eine ältere Dame kaufte eins und sagte: „Süß. Passt ins Gäste-WC."

Er nickte.

Wahrheit: **„Niemand wird dich entdecken. Niemand wird dich retten. Wenn du dich nicht selbst vermarktest, bleibst du unsichtbar."**

Kurzgeschichte 204: „Schlechter Kaffee, gute Ausreden"

Warum wir alles Mögliche erklären, aber nie uns selbst.

Ein Mann war auf einer Geschäftsreise. Die erste Tasse Kaffee des Morgens war wie ein Schlag ins Gesicht. „Was zum Teufel ist das?", dachte er, während der bittere Geschmack auf seiner Zunge brannte. Doch statt den Kaffee zu verfluchen, suchte er nach einer Erklärung. „Das ist sicher die Maschine. Oder der Bohnenlieferant. Oder der Klimawandel. Ja, genau, der Klimawandel!"

Er nahm einen weiteren Schluck. „Ich glaube, es ist einfach das Wasser. Wahrscheinlich zu hart. Oder vielleicht bin ich einfach noch nicht wach."

So saß er dort, mit einer Tasse Kaffee, die er eigentlich hasste, und gab sich selbst eine tausendste Ausrede. Denn was war die wahre Alternative? Zuzugeben, dass er einfach keine Ahnung von gutem Kaffee hatte und dass er zu bequem war, wirklich etwas dagegen zu tun? Das ging nicht. Er hatte schließlich ein großes Meeting vor sich.

Im Meeting war der Kaffee genauso schlecht.

„Vielleicht ist der Kaffee auch nicht das Problem", dachte er nach dem dritten Versuch. „Vielleicht ist es einfach mein Leben."

Wahrheit: **„Du hast schon immer nach Ausreden gesucht, um nichts zu ändern. Der Kaffee ist nicht das Problem, du bist es."**

Kurzgeschichte 205: „Der Sound der Welt"

Warum wir schlechte Musik hören und glauben, sie würde uns etwas geben.

Eine Frau fuhr in ihrem Auto, der Radiosender war auf einem dieser Oldies-Sender, der ständig dieselben Lieder spielte. Sie konnte jedes davon mitsingen, auch wenn sie wusste, dass die meisten davon musikalische Katastrophen waren. Der Gesang war schief, die Instrumente klangen wie ein kaputter Staubsauger, und der Text – naja, wer wusste überhaupt, was das bedeutete?

Aber irgendwie fühlte sie sich gut dabei. Es war ein Teil ihrer Kindheit. Sie hatte diesen Sound gehört, als sie jung war, als alles noch einfacher war. Da war dieser Moment, als sie mit 16 Jahren im Auto ihrer Mutter saß und dachte, dass dieser Song der Höhepunkt ihres Lebens war. Sie hatte es nie wirklich hinterfragt.

Jetzt war sie 40. Und immer noch saß sie da und dachte, sie müsste etwas „finden", wenn sie nur tief genug in der schlechten Musik wühlte. Vielleicht gab es da draußen noch ein Geheimnis, das sie nicht verstanden hatte. Doch die Wahrheit war: Sie hatte längst alles vergessen, was sie einmal geliebt hatte, und ließ sich von der Melancholie einer längst vergessenen Zeit blenden.

Wahrheit: „Du hörst diese Musik, weil du dich daran klammerst, was du verloren hast. Aber die Wahrheit ist: Es war nie gut, du hast es nur nie gemerkt."

Kurzgeschichte 206: „Der Kaffee der Wahrheit"

Warum wir glauben, dass alles irgendwann besser wird – und warum es nie so ist.

Ein Mann hatte über Jahre hinweg immer denselben Kaffee getrunken. Er wusste, dass er nicht der beste war, aber er hielt daran fest. „Vielleicht muss ich nur die Bohnen wechseln", dachte er oft, während er den Schlamm in seiner Tasse umrührte. „Vielleicht sollte ich ihn ein bisschen stärker machen, dann wird es besser."

Aber je mehr er daran herumdokterte, desto schlechter wurde der Kaffee. Am Ende war er so verdünnt, dass er keinen Geschmack mehr hatte. Aber statt einfach mal etwas Neues zu probieren, redete er sich immer weiter ein, dass „es irgendwann wieder klappt".

An einem Punkt fragte er sich, warum er so lange gewartet hatte. Warum hatte er nicht einfach mal die Tasse weggeworfen und sich etwas Besseres besorgt? Doch er wollte nicht nachgeben. Es war der letzte Rest seines Stolzes, der ihm sagte: „Du musst durchhalten."

Schließlich war der Kaffee so schlecht, dass er den ganzen Tag Kopfschmerzen hatte. Aber der Mann trank weiterhin jede Tasse, weil er hoffte, dass er mit genug Geduld irgendwann den „richtigen" Moment erwischen würde. Doch die Wahrheit war klar: Es war nie der richtige Moment. Der Kaffee war einfach scheiße.

Wahrheit: „Du hast immer darauf gewartet, dass es sich verbessert. Aber das wird es nie. Es wird nur schlimmer, bis du endlich aufhörst, an den Mist zu glauben."

Kurzgeschichte 207: „Warten auf das nächste große Ding"

Warum wir darauf warten, dass unser Leben endlich spannend wird – und warum wir uns dabei selbst belügen.

Eine Person hatte ständig das Gefühl, dass etwas „Großes" passieren müsste. Das Leben war einfach zu langweilig. Die Arbeit war öde, die Beziehungen waren enttäuschend, und die täglichen Aufgaben wiederholten sich. Doch anstatt etwas zu verändern, hatte diese Person die ganze Zeit auf den „großen Durchbruch" gewartet.

„Irgendwann passiert etwas. Irgendwann wird alles anders", sagte sie sich immer wieder. Vielleicht ein neuer Job, eine neue Stadt, eine neue Liebe. Sie war überzeugt, dass es nur eine

Frage der Zeit war. Doch je mehr sie wartete, desto mehr verschwand sie in der Monotonie.

Mit 40 war sie immer noch dort, wo sie angefangen hatte. Der einzige Unterschied war, dass ihre Ausreden jetzt komplizierter wurden. „Die Welt ist einfach zu verrückt", dachte sie. „Ich kann nicht einfach alles über den Haufen werfen. Ich warte lieber, bis sich die Gelegenheit ergibt."

Wahrheit: „Du wirst nie auf das nächste große Ding warten. Du wirst alt, und dann wirst du feststellen, dass du zu lange gewartet hast."

Kurzgeschichte 208: „Das ewige Streben nach dem „Perfekten"

Warum wir uns immer selbst im Weg stehen.

Ein Mann hatte immer das Gefühl, dass er noch nicht „fertig" war. Er hatte nie das Gefühl, dass er genug erreicht hatte. Egal, was er tat, es gab immer etwas, das er als „nächsten Schritt" empfand. Die Wohnung war nicht gut genug, der Job war nicht ideal, seine Beziehungen waren nicht perfekt – das Leben war einfach nicht „fertig" für ihn.

Er hatte immer das Gefühl, dass er auf etwas wartete, das noch kommen musste. „Irgendwann wird alles zusammenkommen", dachte er. „Irgendwann habe ich alles, was ich brauche, um glücklich zu sein. Aber noch nicht. Ich muss noch auf den perfekten Moment warten."

Aber der perfekte Moment kam nie. Stattdessen verbrachte er Jahre damit, sich selbst zu überreden, dass er mehr tun musste, dass er noch mehr erreichen sollte. Und was hatte er erreicht? Nichts, was wirklich zählte. Nur eine ständige Unzufriedenheit, weil er nie „genug" war.

Wahrheit: **„Du hast dein ganzes Leben damit verbracht, nach der perfekten Entscheidung zu suchen, aber am Ende zählt nur eines: Du hast nie gehandelt. Du hast dir eine Illusion aufgebaut, und jetzt bist du alt und hast nichts erreicht."**

Kurzgeschichte 209: „Der überbewertete Urlaub"

Warum wir glauben, dass wir das Paradies finden, aber nur mit einem Haufen verpasster Chancen zurückkehren.

Eine Person hatte genug von der täglichen Routine. Sie wollte „ausbrechen", „den Alltag hinter sich lassen". Also buchte sie einen Urlaub. Sie hatte die Hoffnung, dass der perfekte Urlaub all die Mängel ihres Lebens ausgleichen würde. Sie war fest davon überzeugt, dass sie dort die Erfüllung finden würde – an einem weißen Sandstrand, unter Palmen, mit einem Cocktail in der Hand.

Doch als sie endlich ankam, war es nicht das Paradies, das sie erwartet hatte. Der Sand war heiß, der Cocktail war wässrig, und die Menschen um sie herum schienen alle genauso gestresst wie sie. Sie verbrachte Stunden in der Sonne, um nichts anderes zu tun, als zu versuchen, den perfekten Moment zu erleben, den sie sich erhofft hatte. Doch nichts stimmte. Die einzige Wahrheit, die sie an diesem Strand fand, war die Erkenntnis, dass es keine Flucht vor der Realität gab.

Als sie zurückkehrte, war sie genau da, wo sie vorher war – mit der einzigen Ausnahme, dass sie jetzt den Rest ihres Gehalts für einen furchtbaren Urlaub ausgegeben hatte.

Wahrheit: „**Du hast geglaubt, ein Urlaub würde dein Leben ändern. Aber du hast nur dein Geld für eine teure Enttäuschung verschwendet.**"

Kurzgeschichte 210: „Die Diät, die nie funktioniert hat"

Warum wir ständig versuchen, uns selbst zu überlisten.

Eine Frau entschied sich, mit einer Diät zu beginnen. Sie hatte das Gefühl, dass sie endlich „alles im Griff hatte". Diesmal würde es klappen. Keine Ausreden, keine Kompromisse. Sie war entschlossen, sich selbst zu „überlisten", und nach einigen Wochen fühlte sie sich tatsächlich besser. Die ersten paar Kilos gingen weg, und sie dachte: „Jetzt habe ich es geschafft."

Doch irgendwann kamen die Rückschläge. Der Geburtstag eines Freundes, eine Party, dann das Mittagessen im Büro. Und die „gesunden Entscheidungen" wurden immer weniger. An einem Freitagabend saß sie mit einer Pizza und einer Cola auf dem Sofa und dachte: „Vielleicht kann ich am Montag wieder anfangen."

Am Montag war sie wieder da – und dann wieder am nächsten Freitag. Schließlich gab sie auf und war wieder am Punkt, an dem sie angefangen hatte. Nichts war verändert, außer dem ständigen Gefühl, sich selbst betrogen zu haben.

Wahrheit: „Du hast nie wirklich vorgehabt, dich zu ändern. Du hast nur gehofft, dass du es mit weniger Anstrengung irgendwie hinbekommst."

Kurzgeschichte 211: „Der perfekte Moment, der nie kommt"

Warum wir auf das perfekte Timing warten, das nie existiert.

Ein Mann hatte immer das Gefühl, dass er auf den richtigen Moment warten musste. Wenn er mit etwas neuem anfangen wollte, dann nur, wenn „alles perfekt" war. Er würde nicht zum richtigen Zeitpunkt in die Beziehung gehen, nicht die richtige Karriere starten und niemals ein Projekt starten, bis der „perfekte Moment" kam.

Aber dieser Moment kam nie. Stattdessen verschob er ständig alles und fand immer einen Grund, warum „jetzt nicht der richtige Zeitpunkt" war. Seine Träume blieben unerfüllt, weil er glaubte, dass es einen bestimmten Zeitpunkt für alles gab – und das Timing, das er sich wünschte, war nie da.

Schließlich war er 45, mit einem Job, den er hasste, und einem Leben, das er kaum noch verstand. Der perfekte Moment war nie gekommen, und nun war es zu spät.

Wahrheit: „Du hast dein Leben damit verbracht, auf den perfekten Moment zu warten. Aber du wirst nie einen finden, weil es niemals der richtige Zeitpunkt ist, etwas zu tun."

Kurzgeschichte 212: „Die Gier der Welt"

Warum alles nur noch ums Geld geht und keiner mehr an morgen denkt.

Eine Person, die gerade in einem Großunternehmen arbeitete, sah, wie ihre Firma ständig von einem CEO zum nächsten wechselte. Es ging nicht um die Menschen, die dort arbeiteten, nicht um das Produkt, das sie produzierten, und auch nicht um die tatsächliche Bedeutung der Arbeit. Es ging nur um eines: Geld. Immer mehr Geld, immer schneller, immer mit einem höheren Risiko.

Die Firma schluckte immer kleinere Firmen, kaufte noch mehr, während die Mitarbeiter ständig unter Druck standen, mehr zu liefern, schneller zu arbeiten, mit weniger Mitteln. Es war, als ob niemand mehr den Sinn des Ganzen verstand. Die Profitmaximierung hatte die Menschlichkeit schon längst verschlungen.

Am Ende kam das, was jeder wusste: Die Firma stürzte ab. Der CEO hatte es in die eigenen Taschen gesteckt, die Aktionäre waren glücklich, aber der Rest? Auf der Strecke geblieben. Die, die durch das System zermalmt wurden, hatten nichts. Und der CEO? Der war schon längst in einer Villa, die sich keiner leisten konnte, während er in einem Land saß, das die Armut der eigenen Bürger leugnete.

Wahrheit: „Du hast die ganze Zeit auf den schnellen Profit gesetzt, ohne zu merken, dass du der Idiot in der Geschichte bist. Du bist Teil des Problems und nicht der Lösung."

Kurzgeschichte 213: „Die Politik der Lügen"

Warum uns alle das gleiche Spiel verkauft wird – aber keiner merkt es.

In einem Land, in dem der politischste Schritt immer der war, die Schuld anderen zu geben, gab es wieder Wahlen. Die Versprechungen waren groß: „Wir machen alles besser", „Wir schützen euch", „Wir bringen den Frieden". Die Leute gingen zur Wahlurne, ohne sich wirklich zu fragen, wer in der Lage war, diese leeren Versprechungen zu erfüllen.

Es wurde diskutiert, argumentiert, gestritten, und doch war am Ende des Tages eines klar: Es ging nicht um die Menschen, es ging um Macht. Alle Parteien – ja, sogar die, die sich als „die Guten" darstellten – trieben ihre eigenen Interessen voran. Sogar das Thema, das am meisten besprochen wurde, war längst zu einem Spielball von Kriegen, Wirtschaft und geopolitischen Überlegungen geworden.

Die Wahrheit war, dass die Menschen glaubten, sie hätten eine Wahl. Aber am Ende saßen sie nur in einem Karussell, das sie

nie steuern konnten, mit einem Eintrittspreis, den sie nicht
zurückbekamen.

Wahrheit: „Du hast geglaubt, du hättest etwas geändert,
aber du warst nur ein Rädchen in einem System, das dich
nie ernst genommen hat."

Kurzgeschichte 214: „Der Krieg, der nie zu Ende geht"

Warum die Welt nur dann friedlich ist, wenn keiner hinguckt.

Ein Konflikt, der immer weiter eskalierte, weil keiner wirklich die
Verantwortung übernehmen wollte. Die Politiker versicherten
sich gegenseitig, dass sie das Richtige taten, während die
Soldaten auf beiden Seiten nach und nach zu Maschinen
wurden, die für einen abstrakten Zweck kämpften. „Es geht um
Werte", hieß es. „Es geht um Sicherheit." Aber in Wahrheit ging
es nur darum, wer das größere Stück vom Kuchen bekommt.

Die Zivilisten wurden in den Krieg hineingezogen, ohne zu
wissen, warum sie überhaupt kämpften. Sie wurden mit der
Angst gefüttert und glaubten, sie würden für „die Zukunft"
einstehen. Aber der wahre Grund? Es ging darum, zu
beweisen, dass „wir" stärker sind als „die anderen". Und je
länger der Krieg ging, desto mehr Menschen vergaßen, was er
eigentlich einmal war – und was er nie hätte sein sollen.

Und so drehte sich das Karussell weiter, während draußen die Welt in Trümmern lag. Jeder Politiker schüttelte die Hände der „richtigen Leute", während er in Wirklichkeit mit den gleichen Waffenhandelsunternehmen Deals machte. Der Rest der Welt? Die lebte in einer Blase von Lügen.

Wahrheit: **„Du hast geglaubt, der Krieg sei für etwas Größeres. Aber in Wahrheit haben die, die ihn führten, einfach ihr eigenes Land verkauft."**

Kurzgeschichte 215: „Die neue Weltordnung"

Warum alle nach der Kontrolle streben, aber niemand weiß, was sie damit anfangen soll.

In der globalisierten Welt von heute gibt es immer mehr Bewegungen, die „den Wandel bringen wollen". Die Welt muss sich verändern – für das Wohl der Menschheit, heißt es. Aber wenn man genau hinschaut, merkt man schnell, dass es nicht um den Fortschritt geht, sondern um die Kontrolle.

Große Unternehmen, die früher auf lokale Märkte angewiesen waren, expandieren immer weiter, um alles und jeden zu beeinflussen. Politische Bewegungen sprießen aus dem Boden und versprechen, das System zu reformieren, während sie insgeheim nur ein weiteres Stück vom Kuchen abhaben wollen. Die Menschen, die an die Veränderung glaubten, wurden enttäuscht. Denn der wahre Wandel kam nicht – er wurde nur umbenannt.

Am Ende drehte sich alles nur um das Streben nach Macht. Keine Revolution brachte den erhofften Frieden. Der Kampf war nicht gegen die „alten Mächte", sondern gegen das System, das uns immer noch in einem Strudel von ständiger Veränderung hielt – ohne jemals wirklich vorwärts zu kommen.

Wahrheit: **„Du hast geglaubt, du kämpfst für eine bessere Welt, aber in Wirklichkeit bist du nur ein weiterer Pion, der von den gleichen Leuten hinters Licht geführt wird."**

Kurzgeschichte 216: „Das virtuelle Leben"

Warum die digitale Welt uns alle vereinnahmt hat – und wir es nicht einmal merken.

Die digitale Revolution hat uns versprochen, dass das Leben einfacher und besser wird. Soziale Netzwerke, Online-Shopping, schnelle Kommunikation – alles, was wir brauchten, war nur einen Klick entfernt. Und doch fanden sich immer mehr Menschen in einer Welt gefangen, die sie selbst nicht mehr kontrollieren konnten.

Das Leben war jetzt in einem ständigen Fluss von Likes und Kommentaren, aber was hatte es tatsächlich verändert? Nichts.

Statt dass sich die Menschen miteinander verbanden, waren sie mehr isoliert als je zuvor. Sie verfolgten die neuesten Trends, aber lebten in einer Blase aus Fake-News und Oberflächlichkeiten. Sie waren süchtig nach der Bestätigung von Fremden, während sie das echte Leben außen vor ließen.

Und dann, eines Tages, stellte sich heraus, dass genau diese digitale Welt das eigene Denken manipuliert hatte – und sie hatte sich selbst dabei verloren. Die Menschlichkeit war in den Algorithmen verloren gegangen.

Wahrheit: **„Du hast dein Leben in einer digitalen Welt verbracht, die dich nur benutzt hat, um Geld zu machen. Und du hast nicht mal gemerkt, dass du der Idiot bist."**

Kurzgeschichte 217: „Das tägliche Drama"

Warum das Leben nie das ist, was man erwartet – und warum es niemanden interessiert.

Jeden Morgen geht eine Person zur Arbeit und denkt, dass der Tag endlich der sein könnte, an dem alles sich ändern wird. Doch am Ende ist der Tag wie jeder andere. Die Kaffeemaschine ist wieder kaputt, der Chef schickt eine E-Mail voller Anweisungen, die niemand versteht, und der Kollegenkreis redet über nichts anderes als das nächste Netflix-Original, das niemand wirklich interessiert.

So lebt man – Tag für Tag. Man wartet auf den „Durchbruch",
aber irgendwie scheint es, als ob man ständig im Stau steckt.
Alle reden über Veränderung, aber niemand tut etwas, außer
mehr darüber zu reden. Und die Wahrheit ist, dass man keine
Veränderung bekommt, weil man nicht mal die Energie hat, sich
aus dem täglichen Trott herauszuwinden. Man wartet einfach
weiter – auf den Tag, der nie kommt.

Wahrheit: „Du lebst in einer Dauerschleife aus
Enttäuschung und Langeweile. Und das Schlimmste? Du
hast nie wirklich angefangen, etwas zu ändern."

Kurzgeschichte 218: „Der Sinn des Lebens"

*Warum jeder glaubt, er wüsste, worum es im Leben geht – und
warum er komplett daneben liegt.*

Es gibt Menschen, die ihren ganzen Lebenssinn in einer
Karriere, einer Beziehung oder einem Hobby finden. Sie reden
davon, dass sie ihre „Bestimmung" gefunden haben, als wäre
das eine magische Offenbarung. Doch eines Tages, nach
Jahren des Strebsens und der Bemühungen, fällt der Groschen:
Es gibt keinen Sinn. Es gibt nur den Moment. Und den Moment
überlebt man, indem man irgendwas tut, bis der nächste
kommt.

Die Menschen kämpfen sich durch die Tage, indem sie nach einem „höheren Ziel" suchen. Aber in Wahrheit rennen sie einfach nur dem Ende entgegen, ohne es zu merken. Sie sind zu beschäftigt damit, nach Antworten zu suchen, die nie kommen werden. Und am Ende ist der Sinn des Lebens schlichtweg – keine Ahnung. Aber hey, solange die Rechnungen bezahlt sind, passt es schon irgendwie.

Wahrheit: „Du hast dein ganzes Leben damit verbracht, nach einem Sinn zu suchen, aber der einzige Sinn war, dich selbst zu belügen."

Kurzgeschichte 219: „Der Schrei der Gesellschaft"

Warum wir alle in einem Rausch leben, der uns zur Selbstzerstörung führt.

Die Gesellschaft schreit nach Veränderung, nach „neuen Wegen" und „Frische im Denken", aber niemand will wirklich etwas ändern. Die Medien pushen den nächsten Skandal, während Politiker die richtigen Worte finden, aber keine Taten folgen. Alle reden davon, wie wir die Welt retten können, aber am Ende des Tages sind wir einfach nur auf den nächsten „Trend" fixiert – die neue iPhone-Version, der neueste Hype auf Social Media, die nächste „revolutionäre" Ernährungsweise.

Und während die Menschen sich selbst überladen mit Infos, die sie nie verarbeiten, wird alles, was zählt, immer leerer. Sie suchen nach der nächsten Ablenkung, ohne sich jemals mit der Realität auseinanderzusetzen. Und so geht der wahre Schrei der Gesellschaft verloren: die Tatsache, dass sie selbst das Problem ist.

Wahrheit: „Du hast geglaubt, du wärst Teil der Lösung, aber in Wirklichkeit bist du das Problem, das du versuchst zu lösen."

Kurzgeschichte 220: „Das perfekte Leben"

Warum niemand je mit dem zufrieden ist, was er hat.

Es gibt Menschen, die glauben, dass das perfekte Leben nur ein paar Schritte entfernt ist: Ein bisschen Geld hier, die richtige Beziehung dort, der perfekte Job, die richtige Wohnung. Doch je mehr sie versuchen, das perfekte Leben zu leben, desto mehr merken sie, dass sie es niemals erreichen können.

Die perfekte Wohnung? Zu teuer, zu klein, zu weit weg von allem. Der perfekte Job? Nicht erfüllend, nie genug Anerkennung. Die perfekte Beziehung? Entweder langweilig oder viel zu chaotisch. Und irgendwann steht man da, mitten im „perfekten Leben", das keiner wollte, weil es gar nicht das war, was man sich vorgestellt hat.

Vielleicht war das „perfekte Leben" nie wirklich für jemanden gedacht. Vielleicht war es einfach nur eine Fantasie, die nie erfüllt werden konnte. Aber hey, du hast es wenigstens versucht – oder etwa nicht?

Wahrheit: „Du hast dein Leben damit verbracht, nach dem perfekten Leben zu suchen, aber du hast nie verstanden, dass das, was du hattest, alles war, was du jemals brauchtest."

Kurzgeschichte 221: „Der traurige Witz der Freiheit"

Warum die Freiheit nur so lange existiert, wie du es dir leisten kannst.

Die Freiheit wird immer als das höchste Gut angepriesen. Du bist frei, dein Leben zu gestalten, deine Träume zu verfolgen, deine Zukunft zu planen. Aber die Wahrheit ist, dass Freiheit nur für die existiert, die sich ihre Freiheit leisten können. Denn die meisten Menschen sind in einem Käfig aus Verpflichtungen, Schulden und Abhängigkeiten gefangen.

Die Freiheit ist eine Illusion, wenn du täglich damit beschäftigt bist, Rechnungen zu zahlen, zu überleben und dich um alles zu kümmern, was du hast. Sie ist nur dann real, wenn du genug Geld, Zeit und Ressourcen hast, um sie wirklich zu erleben. Für den Rest von uns bleibt die Freiheit ein leeres Versprechen, das uns in den Wahnsinn treibt, während wir versuchen, an dem festzuhalten, was wir nie wirklich hatten.

Wahrheit: „Du hast geglaubt, du bist frei, aber in Wirklichkeit bist du nur ein Sklave deines eigenen Lebens."

Kurzgeschichte 222: „Das Buch der Wahrheit"

Warum der Autor uns hierher geführt hat und was das Ganze eigentlich soll.

Es ist das Buch, das du gerade liest, und du hast dich gefragt, warum du überhaupt damit angefangen hast. Ist es die scharfe Wahrheit? Ist es die Selbstkritik, die du nie hören wolltest? Vielleicht ist es auch einfach die Tatsache, dass der Autor, der sich hier selbst als allwissend und brutal ehrlich darstellt, es selbst nicht besser weiß.

Was bekommst du also? Eine Sammlung von Geschichten, die dir sagen, dass du eigentlich alles falsch machst. Dass du nichts erreichst und alles, was du tust, irrelevant ist. Aber hier ist die Wahrheit: Du kannst es ändern. Es ist nie zu spät. Es geht nicht darum, dass du in irgendeiner Filmwelt als Held auftauchst, sondern dass du hier, in der Realität, beginnst, an dich zu glauben. Du hast alles, was du brauchst, um deine eigenen Entscheidungen zu treffen und an deinen eigenen Erfolg zu arbeiten.

Es wird keine schnelle Lösung geben, und du musst dich von der Vorstellung verabschieden, dass alles ein Märchen ist, das dir in die Hände fällt. Aber es gibt einen Unterschied: Du kannst die Richtung ändern, in die du gehst. Jeder Schritt, den du machst, auch wenn er klein ist, bringt dich weiter als der endlose Kreis aus Warten und Meckern. Deine Ressourcen sind da – sie sind vielleicht nicht unendlich, aber sie sind genug, um etwas zu bewirken. Deine Entscheidungen sind mächtig, und du bist derjenige, der darüber bestimmt. Du bist der Schöpfer deines Lebens, auch ohne ein Hollywood-Star zu sein.

Ja, es ist schwer. Aber was ist schwerer? Dein Leben weiterhin in der Hand von Zweifeln zu lassen oder endlich aufzustehen, es selbst in die Hand zu nehmen und etwas daraus zu machen?

Wahrheit: **„Du hast dieses Buch gekauft, weil du hoffst, es könnte dir etwas beibringen. In Wirklichkeit ist es der erste Schritt, zu erkennen, dass du mehr Kontrolle über dein Leben hast, als du bisher geglaubt hast. Hör auf, nur zu träumen – fang an, zu handeln. Du musst kein Held im Film sein, um deine eigenen Erfolge zu erzielen.“**